Paris l'an prochain

Du même auteur

Cigarettes littéraires - GUNTEN - 2004

Daniel Destarac

Paris l’an prochain

GUNTEN

Couverture : ©Editions **GUNTEN**
Montaigne

https://www.editionsgunten.com
ISBN : 978-2-36682-235-9

À la mémoire d'Arrigo Francia, 1925 – 2004,
architecte de jardins.

L'art partage avec les religions animistes la présence des morts. Ne pas commencer par poser la question que cela appelle consisterait à parler pour ne rien dire.

LÉO VALENCE

Comme ils approchaient de Saché, un objet brillant apparut et grandit dans le rétroviseur. M. Kurt n'eut que le temps de faire un écart en se recommandant à la madone, qui veillait au-dessus du rétroviseur. L'autocar Ford et l'autocar Mercedes s'immobilisèrent bord à bord à l'entrée du château. Martial sortit de l'un et Bordheuil de l'autre. « Est-ce vous, Martial, mon ancien ami, vous qui fûtes autrefois mon condisciple dans la nouvelle Athènes, ou bien ne serait-ce pas plutôt votre ombre, qui reviendrait après votre mort des rives du Styx ? Il y a si longtemps que la Renommée ne m'a rien fait savoir de vos exploits ». « C'est moi », dit simplement Martial. Bordheuil se retourna vers l'autocar Mercedes et siffla. Ses élèves se dispersèrent en faisant un grand tumulte. Frères de la Côte, à terre, du rhum pour tout le monde. Pour ressembler à leur maître, tous avaient le poil ras et portaient des vêtements sombres. M. Kurt en chassa deux à coups de pied, qui s'étaient mis à pisser contre les roues de son autocar. Les élèves de Martial, effarouchés, n'osaient pas bouger. Silencieux, les bras croisés, celui-ci attendit que Bordheuil rappelât sa meute. Alors, il fit signe aux siens de sortir et de se tenir à l'écart. Le chauffeur de l'autocar Mercedes, les coudes sur le volant, la tête entre les mains, répétait d'un air hébété : « Des horreurs, des horreurs… » Il avait le teint jaune et les joues creuses.

Ils se dirigèrent vers le château. Les élèves de Martial allaient devant. Puis venait M. Kurt, le sourcil froncé. La classe de Bordheuil suivait et les deux pédagogues fermaient la marche. Bordheuil regardait ses élèves avec attendrissement. « Ne les jugez pas hâtivement, dit-il à Martial. Ils sont un peu las aujourd'hui, ils se sont couchés tard. Je les ai menés voir une partie de football hier soir. « À Périgueux », dit Martial, j'ai vu l'autocar. Vous vous intéressez au football ?

— Pas le moins du monde. Cela fait partie de mon système pédagogique, comme d'organiser des paris sur le résultat de la partie et de retenir vingt pour cent pour moi. Martial était rêveur.

Un molosse couché devant sa niche ouvrit un œil indifférent. Soudain il fut secoué comme par une impulsion électrique et se mit à aboyer frénétiquement dans la direction d'un des élèves de Bordheuil. « M. Pallu, seriez-vous déjà venu en Touraine ?

— Oui, Monsieur. Un jardinier fit taire le chien et appela le gardien. Martial n'attendait rien de bon de cette visite.

Il se tint sur son quant-à-soi. Bordheuil se chargea des commentaires. Chambre de l'hôte de marque, ne pissez pas dans la cheminée, M. van Leer. Mais on le faisait autrefois, Monsieur. On ne le fait plus, on ne le faisait déjà plus du temps de Balzac. Grand salon. Ne vous suspendez pas au lustre. Salle à manger. Circé écoute le récit des aventures de Télémaque sur une frise de papier peint. Mentor veille. Sa barbe grise et négligée disparaît; des traits nobles et fiers, mêlés de douceur et de grâces, se montrent aux yeux de Télémaque ébloui. Il reconnaît un visage de femme. Mentor est Minerve, la duchesse d'Abrantès, Mme de Berny.

Un hurlement lamentable se fit entendre à l'extérieur, puis le bruit d'un jet d'eau, une course sur le gravier, un choc étouffé, le claquement de la porte d'entrée. Martial se fondit dans la frise, entre Diomède et Nestor. (Où Eugène avait-il déjà vu ce papier peint?) Le jardinier furieux parut en haut de l'escalier, tenant par le collet Pallu qui avait mis le feu à la queue du chien, et demandant justice exemplaire. Bordheuil le regarda comme de très haut, puis porta les yeux sur le délinquant et, après un lourd silence, dit d'une voix profonde: «M. Pallu, considérez-vous comme sévèrement réprimandé.» Le jardinier impressionné s'en retourna satisfait. «Un style différent de celui auquel nous sommes accoutumés», dit Saint-Rouf.

Dans les salles d'exposition, on pouvait voir des manuscrits, lettres, éditions anciennes et gravures. Bordheuil s'attarda devant une série de vues de Paris au temps de Balzac. *La capitale des idées. La ville aux cent mille romans. La tête du monde. Illustre vallée de plâtras. Les vices de Paris.* «Y retournez-vous quelquefois? demanda-t-il à Martial.

— Vous non ?

— Impossible, mon cher. J'ai reçu des menaces de toutes sortes.

— Des menaces ?

— J'ai été un peu indiscret autrefois, vous vous en souvenez peut-être. Me voilà éloigné à quarante lieues comme Voltaire et Mme de Staël. » (La déesse aux yeux pers : Mon général, nouvelle lettre de Bordheuil. Vous répondez ?

— De qui ? [ôtant ses lunettes]

— Bordheuil.

— La question ne se pose même pas [remettant ses lunettes].

— Mon général… Bien, mon général.)

Dans une vitrine, des figurines en bois s'efforçaient de représenter les personnages les plus connus de la Comédie Humaine. « Quelle horreur ! » dit Bordheuil. Ses méthodes pédagogiques, assez peu orthodoxes, comportaient, parmi d'autres innovations, le dressage de ses élèves au même exercice. Il proposa à Martial de lui en faire la démonstration. « Monsieur Blatre, voulez-vous nous faire Balthazar Claës ? » L'élève posa ses mains sur son visage et se concentra un moment. Quand il les retira, son expression ordinaire d'imbécillité obtuse avait disparu. On devinait maintenant en lui les sentiments profonds qui animent les grands hommes, et la tyrannie des idées dans une vaste intelligence occupée à rechercher les causes occultes. En ce moment, Blatre paraissait âgé de plus de soixante ans quoiqu'il en eût environ quinze. Bordheuil le remercia et demanda à son collègue lequel des personnages de la Comédie Humaine il aurait plaisir à voir représenter. Martial resta bouche bée. «D'Arthez? suggéra Bordheuil. Monsieur Pallu, D'Arthez s'il vous plaît.» Pallu ôta ses lunettes de myope et ses yeux aussitôt virent bien et promptement, annonçant une habitude d'aller au fond des choses. Il adopta une contenance grave et simple, déployant en tout une sorte de dignité qui venait sans doute de la conscience d'une vie occupée par quelque chose de grand, et qui le rendait inabordable. Lucien éprouvait un respect involontaire pour lui. Martial aussi. Bordheuil proposa ensuite le père Grandet. L'égoïsme se trouvait à l'état naturel dans la physionomie de l'élève Brown qui avait été désigné. Tout en y laissant cette caractéristique qui convenait au personnage, il y fit paraître en outre une expression de finesse dangereuse, et sur son front se formèrent des protubérances significatives rigoureusement conformes aux théories de Gall. Enfin, son nez se fit gros par le bout et, au grand étonnement de Martial, il s'y développa une loupe veinée pleine de malice. «Érudition nerveuse», expliqua Bordheuil. Il demanda pour finir un volontaire pour représenter l'agonie du père Goriot. Un pas en avant, claquement de talons. «Très bien Monsieur Rehbach.» Les yeux de Rehbach prirent un aspect vitreux. Il était visiblement sous le poids d'une apoplexie séreuse imminente. Sa face convulsée et profondément débile s'anima tout à coup. «Ce sont des infâmes, des scélérates, s'écria-t-il, je les abomine, je les maudis, je me relèverai la nuit de mon cercueil pour les remaudire ! » Puis il s'effondra. Bianchon entra, souleva les paupières de Rehbach et dit : « Il n'en reviendra pas. » Martial se trouva mal à son tour. Bianchon lui tâta le pouls, dit qu'il n'y avait pas lieu d'être inquiet, écrivit une ordonnance et sortit. « Vous y êtes allé un peu fort », dit Nemours à Bordheuil.

*

* *

« Un drôle de loustic. Mis à part cela, rien de particulier, non rien, sinon que vous me manquez beaucoup. » M. Kurt raccrocha l'appareil téléphonique du Café des Sports. Bordheuil, sincèrement contrit, n'ayant pas imaginé qu'un innocent exercice scolaire pût autant impressionner son collègue, avait assis Martial devant un verre de rhum. « Vous avez entendu ? Il dit *vous* à sa femme.

— Qui ?

— M. Kurt le chauffeur.

— Pourquoi pas ? Comme Sartre et Simone de Beauvoir. » Bordheuil commanda des hot dogs et des pommes de terre frites pour les élèves, des côtes de bœuf saignantes pour Martial, M. Kurt et lui-même, son chauffeur ne se nourrissant plus depuis plusieurs jours.

« Il ne sera pas inutile à cet endroit, dit Balzac, d'expliquer au lecteur le système grâce auquel Raoul Bordheuil obtenait les étonnants résultats qu'on a vus plus haut. — Non, je vous en prie », dit l'intéressé. Il se pencha sur la carte que consultait M. Kurt : Chinon, Les Rochers, Brocéliande, Rouen, les Açores, Port Mahon, l'île de la Tortue… « Nous nous reverrons. » C'était ce que craignait Martial. Dans la salle, une dispute bruyante s'était élevée entre Blatre et Pallu, qui s'étaient tous deux mêlés d'importuner la serveuse. « Un peu de silence, s'il vous plaît, dit Bordheuil… Vascœuil, Illiers, Montbard, Gardole ? Voulez-vous saluer votre frère de ma part ? J'ai vu il y a peu une belle photographie de lui dans un magazine. » Nemours et Marcorelle se renvoyèrent une interrogation muette. La rixe, cependant, avait repris, plus bruyante qu'auparavant. Bordheuil saisit son couteau à viande et l'envoya se ficher dans le montant d'une porte, deux doigts au-dessus de la tête de Blatre. On n'entendit plus que la vibration de la lame. « C'est mieux », dit le pédagogue.

Ils sortirent. Bordheuil empocha adroitement la monnaie que son collègue avait laissée comme pourboire. « La Devinière était dans mon itinéraire. J'aurais aimé y aller avec vous. Mais je vais à Tours. J'ai su qu'on vient d'y ouvrir un casino. Vous comprenez… Vous ne voulez pas venir ? » *Non inferiora secutus*. « Au revoir, mon cher. Si vous changez d'avis… » *La maulubec le trousque, la caquesangue luy viengne, mau de pipe le byre.*

« Il s'en va ? demanda M. Kurt, il ne vient pas avec nous ? Je commençais à le trouver amusant. Tant pis. En route ! The show must go on. »

I

TRANSLATIO STUDII

Quelques jours plus tôt…

L'homme aux mille tours, Muse, avait tant erré, quand de Troade il eut pillé la citadelle sacrée, vu les cités de tant d'hommes et connu leur esprit, et tu nous avais conté ses aventures, déesse fille de Zeus, en commençant où il t'avait plu. Chrétien s'était voulu mêler, sans rien ôter et sans rien mettre, de conter un conte par rime, en allant tout droit sans s'égarer et tenant la plus droite voie afin d'en finir au plus tôt, mais il a été prouvé que l'ouvrage est apocryphe. Animé par l'esprit de la chevalerie errante, Don Quichotte était sorti avant l'aube par la porte de la basse-cour. Dinarzade, comme on le lui avait recommandé, avait prié sa sœur Shéhérazade, une heure avant le jour, de lui raconter un de ces contes agréables qu'elle savait. Tant de romanciers anglo-saxons avaient appris au lecteur le nom du héros dès la première phrase, poor John Berridge. Tant de choses étaient sorties d'une tasse de thé et d'un bol de mousse à barbe, fleurs, maisons, personnages consistants et reconnaissables, villes et jardins, stream of thought, fused images (Joyce at his best), multilingual puns, and much, much more. E.M. Forster avait jugé qu'on pouvait aussi bien commencer par les lettres de Helen à sa sœur. Cela vous est égal ? Et à moi donc, Muse, si vous saviez… La voix *off* avait déclaré qu'elle ne dirait pas tout dans cette histoire. Le lecteur, avant de commencer à lire le nouveau roman d'Italo Calvino *Si une nuit d'hiver un voyageur*, s'était détendu. Il s'était recueilli. Il avait éloigné de lui toute autre pensée. Il avait laissé le monde qui l'environnait s'estomper dans l'indistinct. La marquise était sortie à cinq heures. M. Martial, quant à lui, à six heures du matin.

*

* *

Il avait trouvé ouverte la porte du garage. Quand on demandait à Anacharsis le sage s'il y avait plus de vivants que de morts, il répondait : ceux qui sont sur la mer, en quel rang les mets-tu ? Et ceux qui voyagent dans les autocars Velox, en quel rang ? Livrés à l'Europe au titre du plan Marshall, annexés par le Saint-Siège pour transporter des pèlerins à Rome, saisis un beau jour par les douanes françaises pour des raisons qui regardent les douanes plus que l'Église, ces autocars Ford avaient été mis aux enchères et acquis à bon marché par l'entreprise Velox. Affectés au transport d'enfants, ils avaient conservé de leurs années de pèlerinage, fixée au-dessus du rétroviseur, une image de la madone. Des parents d'élèves socialistes s'étaient plaints.

Après avoir examiné l'état des pneumatiques, tous de marque différente, Martial consulta sa montre suisse neuve. Il était très en avance. Le *monstre délicat* de Baudelaire, l'Ennui, rôdait dans le garage. Martial promena autour de lui un regard morne. L'Art, qui est l'éternel ennemi de l'Ennui (mais probablement guère plus que cela, malgré ce qu'en dit Léo Valence), n'était cependant pas absent de ces lieux. Une partition de Bach, avec main droite et main gauche, se lisait dans les jeux de clés suspendus au mur, mais il ne la reconnut pas. Une flaque d'huile de vidange reproduisit en vain toutes les couleurs de l'écharpe d'Iris agitée par les zéphyrs dans un tableau de la Renaissance. Martial était un pur littéraire. Un rayon de soleil, optant pour la facilité, éclaira un de ces calendriers qu'affectionnent les garagistes. Inéluctable modalité du visible. Ici le monstre sentit que Martial lui échappait. Le professeur s'approcha et chaussa ses lunettes.

Les Muses ne parlaient pas à Martial, mais Mnémosyne leur mère souvent.

Tan com il a des la chevece
Jusqu'au fermail d'entroverture

Vi del piz nu sans coverture

Plus blanc que n'est la nois negiee,

souffla-t-elle. Le regard de Martial glissa vers le bas tandis que Mnémosyne descendait aussi de Chrétien à Brantôme : *Surquoy j'ay veu discourir et faire question quelle jambe estoit la plus tentative et attrayante, ou la nue ou la couverte et chaussée ?* Martial savait qu'il ne trouverait rien chez les auteurs de l'âge classique qui rendît justice à la beauté féminine dans son état naturel. Il lui semblait qu'Hamilton peut-être y eût réussi s'il l'avait sérieusement entrepris. Le XIXe siècle pouvait fournir plus de matière aux réflexions que lui inspirait la Vénus des Garages.

Les poètes devant mes grandes attitudes,

Que j'ai l'air d'emprunter aux plus fiers monuments,

Consumeront leurs jours en d'austères études...

Un jugement, qui ne pouvait être que de Balzac, le fit sourire : *En France, s'il y a peu d'ensemble, il y a de ravissants détails.*

Mille pensées de cet ordre occupaient Martial quand M. Kurt, qu'il n'avait pas entendu entrer, dit : « Nous sommes le mardi 20 juin, si c'est la date que vous cherchez. » Antoine fit le signe de la croix et se remit en prières.

*

* *

Translatio studii. D'Égypte à Athènes, d'Athènes à Rome, de Rome à Paris, Séville, Canterbury, le Savoir, les Arts, les Lettres et l'Éloquence sont toujours allés de l'Est vers l'Ouest. Martial n'entendait pas se singulariser : quand tous les élèves eurent répondu présents à l'appel, ils prirent la direction de Bordeaux par la route nationale 113, pour faire étape à La Brède.

Quel est à Paris l'homme de vingt ans qui a lu, en cherchant à y trouver des erreurs, les huit volumes de Montesquieu ? Question pour un jeu radiophonique. Cottin était plongé dans le Destrées et Gouyon. « Vous y cherchez les erreurs ? dit Martial.

— Il y en a ? demanda Cottin inquiet.

— Non, bien sûr… Lisez-nous donc ce que dit Stendhal (*car c'était lui*) de passage à La Brède.

— *Ce n'est pas précisément de l'amour que j'ai pour Montesquieu, c'est de la vénération; il ne m'ennuie jamais en allongeant ce que je comprends déjà.* » Avec perversité, Martial lui fit répéter la fin de la phrase. « *En y arrivant*, poursuivit Cottin, *j'ai été saisi d'un respect d'enfant, comme jadis en visitant Potsdam et touchant le chapeau percé d'une balle de Frédéric II.* » Cottin referma le manuel. « Vous avez lu tous les auteurs au programme, n'est-ce pas ?

— Oui, Monsieur.

— C'est très bien. Peut-être aurait-ce été encore mieux si vous aviez fait quelque effort pour distinguer le meilleur du pire.

—Le pire est-il au programme, Monsieur ? s'enquit Cottin.

—Il y est, Télémaque », dit Mentor péremptoire.

« Ce Frédéric II, demanda encore Cottin, est-ce le même qui invita Voltaire à sa cour et le traita si mal, ainsi que sa nièce Mme Denis ?

—Évidemment, dit Martial avec impatience, lequel voulez-vous que ce soit ? » Il vit que Nemours, qui était assis à côté de lui, avait aussi l'esprit occupé par une question. « Dites.

—Eh bien, cette Mme Denis, sa nièce, dont il est tant question dans la Correspondance de Voltaire, est-ce que… ?

—Oui, dit Martial, mais gardez cela pour vous. Vos camarades n'ont rien à faire de ce genre d'information. Ce n'est pas une question qu'on leur posera au baccalauréat. » (Sauf à la rigueur, se dit-il, si l'examinateur est Bordheuil.)

Ce fut en ces entretiens et d'autres semblables que se passa le trajet.

*

* *

À La Brède, à l'ombre des chênes sous lesquels les visiteurs laissent leur automobile, il n'y avait qu'une fourgonnette Volkswagen chargée de bagages, portant une plaque d'immatriculation britannique. Martial, en conduisant ses élèves au château, leur recommanda bien de ne pas donner à des étrangers une trop mauvaise idée de la jeunesse française. « Particulièrement à des Anglais », ajouta-t-il. Bien que gaulliste, il était anglophile.

Plus particulièrement encore à des Anglaises, jeunes et avenantes. Elles étaient quatre, groupées devant le buste de Montesquieu par Lemoyne, qui les contemplait avec son demi-sourire et son regard de connaisseur. *Nam nos quoque oculos eruditos habemus*. À droite (en se plaçant au point de vue de Montesquieu), une beauté tempérée, comme on imagine les héroïnes raisonnables et délicates de Jane Austen, Sense and Sensibility. À gauche, langueur et indolence, de longs cheveux bruns, des paupières paresseuses, une beauté plus moderne. Au centre, nature et culture semblaient s'être entendues pour répandre les lys et les roses des poètes sur le teint, ô Martial, de deux sœurs jumelles.

« Mesdemoiselles, disait le guide, vous observerez un creux sur le montant droit de la cheminée produit par l'usure de la pantoufle du président de Montesquieu, qui écrivait sur son genou. » Martial le laissa finir, et dit avec un sourire méprisant : « Une légende attribue à la pantoufle présidentielle une marque en creux sur un des jambages de la cheminée de cette chambre. Quelqu'un raconta cela à Stendhal qui, comme certains d'entre vous, croyait tout ce qu'on lui disait. Il le rapporta dans son journal de voyage et cette absurdité fut ensuite propagée, avec bien d'autres, par la secte des stendhaliens. » Le guide croisa les bras, se retrancha dans un silence offensé et rejoignit la vaste secte des antimartialites, qui compte de nombreux anciens élèves, garçons de café et contrôleurs de la SNCF. « Absurdité, poursuivit Martial, car Montesquieu n'a occupé cette chambre que quand sa mauvaise vue lui eut interdit d'écrire de sa main et l'eut obligé à dicter ses ouvrages à un secrétaire [faisant un pas de côté vers une porte percée près de la cheminée] qui dormait dans ce cabinet [ouvrant la porte d'un geste théâtral]. »

Les Anglaises examinaient maintenant le buste du président par Houdon, dans l'angle opposé de la pièce. Le professeur parlait d'une voix un peu plus forte et avec une élocution un peu plus articulée qu'il n'eût été strictement nécessaire. *L'Esprit des lois. Nature et principe des trois gouvernements. Séparation des pouvoirs. La vertu même a besoin de limites. Tout serait perdu si. Corruption des principes. La servitude commence toujours par le sommeil. On peut être à la fois couvert d'infamie et de dignités. S'acquitter envers la nature humaine. Pouvoir faire ce que l'on doit vouloir et n'être point contraint de faire ce que l'on ne doit pas vouloir. C'est toujours un esclave qui commande aux esclaves.* De temps en temps l'orateur jetait un regard rapide vers le groupe, et il lui sembla que quand il retournait la tête, il était lui-même l'objet d'un mouvement de curiosité. Cela n'avait pas échappé aux élèves, qui se mirent à regarder alternativement et tous, ensemble, les Anglaises et le professeur, avec une insistance qui l'obligea à les conduire dans la salle voisine.

« On ne fume pas, Mademoiselle ! cria le guide, no smoking. » Martial revêtit son armure et saisit son épée. La demoiselle ne savait que faire de la cigarette qu'elle venait d'allumer. « Vous permettez », dit Messire Gauvain. Il prit la cigarette entre le pouce et l'index, ouvrit une fenêtre (« On n'ouvre pas les fenêtres ! ») et la jeta dans les douves. Les règles de la chevalerie ne lui permettant pas, comme on sait, de mettre la main à l'épée contre des personnes de la condition du guide, il se borna à lui faire des remontrances à voix basse. Dans la salle voisine, les élèves, qui connaissaient leur professeur, s'assirent philosophiquement sur le sol. Ceux qui s'étaient munis de leur sac entamèrent leurs provisions, d'autres tirèrent un jeu de cartes de leur poche.

*

* *

Quand les compagnons d'Ulysse eurent achevé leurs provisions, ils se préoccupèrent de leur capitaine. Il leur sembla entendre une conversation dans la cour. Prax ouvrit une fenêtre. « Qu'est-ce qu'ils disent ? demanda Cottin.

Elles : Vos élèves ont bien de la chance… Lui : Mes élèves ? Lesquels donc ? En ai-je ?

— *Madame Bovary*, dit Nemours, la scène des comices. Où mènent les mauvaises lectures. »

Sense and Sensibility préparait une thèse sur *La captatio benevolentiae dans la littérature moderne*; les lys et les roses étudiaient la littérature française; ce qu'étudiait langueur et indolence, Martial ne le sut jamais exactement. «La littérature française, dit-il, offre peu d'exemples réguliers de *captatio benevolentiae*. La modestie, même affectée, n'est pas la première qualité de nos auteurs. Ils sont peu enclins à déclarer, comme le voulaient les rhétoriques antique et médiévale, que le sujet est trop grand pour leurs capacités, leur style trop rustique, ou leurs dons limités.

—Je l'ai noté, dit Sense and Sensibility, ils ne s'excusent guère.

—Ne m'en parlez pas, dit Martial, mais excusez-moi pour eux», ajouta-t-il en s'inclinant.

Montesquieu voulut un moment mettre en tête du deuxième tome de *L'Esprit des lois* une invocation aux Muses. Ce qu'il demandait aux doctes vierges n'était évidemment pas la matière de son ouvrage, le monde la lui fournissait; ni les lumières de la raison, il les possédait; c'était la manière, la technique, l'art, le style, l'agrément. *Faites*, disait-il, *qu'on soit instruit et que je n'enseigne pas; que je réfléchisse et que je paraisse sentir; et lorsque j'annoncerai des choses nouvelles, faites qu'on croie que je ne savais rien, et que vous m'avez tout dit.* Lettre close pour Martial, à qui les Muses, on l'a dit, ne parlaient pas, qui n'annonçait guère de choses nouvelles et de qui la plus grande crainte était qu'on pût penser qu'il ne savait pas toutes choses. Les Anglaises ne s'étaient pas encore fait une idée aussi précise de son caractère quand, les ayant raccompagnées sous les chênes, il leur dit: «Bien sûr, d'ici vous irez au château de Montaigne.

—Nous y serons demain.

—Moi aussi, à dix heures.

—Alors, nous nous reverrons peut-être.

—J'en serai très heureux», dit Martial, plus anglophile que jamais.

À peine eurent-ils tous passé le portail qu'un puissant autocar Mercedes, bicolore et rutilant, entra à vive allure en soulevant un nuage de poussière.

II

CHARMING OLD MAN

Martial, qui avait été long à sa toilette, descendit le dernier et prit place au fond de l'autocar entre Prax et Vidal. Ils quittèrent la nationale, et des routes étroites les menèrent, à travers les vignes, de la vallée de la Garonne à celle de la Dordogne. Vidal, le fils du célèbre psychiatre, était absorbé dans la lecture d'une épaisse *Psychopathologie de la femme*. Il marchait bravement sur les traces de son père, tandis que le cancre Prax, plongé dans *Tex le cow-boy*, chevauchait avec insouciance dans la prairie, le long du Rio Grande. Après Montravel, on eut recours aux cartes d'état-major que Saint-Rouf, le fils du général, avait empruntées à son père.

La Volkswagen était déjà là. Martial, ignorant les mises en garde de M. Kurt, sauta lestement de l'autocar encore en marche. « Errol Flynn », dit Marcorelle. Olivia de Havilland était sortie pour fumer une cigarette. Les autres étaient dans la chapelle au premier étage de la tour. Avec tact, les élèves se dispersèrent au deuxième où Montaigne avait sa chambre et au troisième où se trouvait la bibliothèque. « Qu'est-ce que cette *captatio benevolentiae* dont ils parlaient hier ? demanda Cottin.

— Observe Martial aujourd'hui et tu le sauras », lui dit Nemours. Montaigne avait fait aménager un conduit sonore entre la chapelle et la chambre, qui lui permettait d'entendre la messe sans avoir à descendre. Marcorelle l'essaya. « Où en sont-ils ? demanda Nemours avec indifférence.

— Aux prénoms : Victoria, Harriet, Hillary, Pénélope... Clôôôde. »

« Il y a de l'écho », dit Martial. Il conduisit les jeunes femmes au deuxième étage par un étroit escalier en colimaçon. Comme l'écharpe indienne de Pénélope traînait sur les marches, Messire Gauvain l'en débarrassa, la plia en deux et la noua autour de son bras. Dans la chambre, les élèves leur firent place. Montaigne s'y tenait volontiers dans une petite niche creusée près de la fenêtre, à l'abri des vents coulis. Un exemplaire des *Essais* y était posé sur une chaise, ouvert à la première page. *Ainsi lecteur, je suis moy-mesmes la matière de mon livre : ce n'est pas raison que tu employes ton loisir en un subject si frivole et si vain. À Dieu donq, de Montaigne ce premier de Mars mille cinq cens quatre vingts.* « *Captatio benevolentiae* », dit Martial. Cottin, que la réponse de Nemours n'avait pas satisfait, s'approcha de Victoria. « Miss, dit-il, puis-je vous poser une question ?

—Cottin, dit Martial à la jeune femme, mon meilleur élève, hélas.» Cottin voulait savoir ce que c'était que cette *captatio benevolentiae* sur laquelle elle préparait une thèse. «Eh bien, dit Victoria, la *captatio benevolentiae*, c'est comme si votre professeur, dans sa première leçon, vous disait qu'il a lu peu de livres.

—Mais il le dit», affirma Cottin.

Je ne m'en sers, en effect, dit aussi Montaigne des livres, *quasi non plus que ceux qui ne les cognoissent poinct*. Il y avait cependant une bibliothèque au troisième étage de la tour. Montaigne avait fait peindre des devises antiques sur les solives du plafond. Au-dessus de la tête de Prax, il avait fait inscrire: *Car la vie la plus heureuse est d'être sans pensée*, et au-dessus de Martial entouré des jumelles: *Sans pencher d'aucun côté*.

Sur une table était posé un petit portrait de Mademoiselle de Gournay, *ma fille d'alliance*, qui fut très proche de Montaigne à la fin de sa vie et qui assura l'édition posthume des *Essais*. Les élèves examinèrent avec curiosité son nez pointu, sa moustache de chat, ses yeux de souris. Ils parlèrent entre eux, puis Nemours s'approcha de Martial. «Cette demoiselle de Gournay..., commença-t-il.

—Non, interrompit Martial tout de suite, absolument pas.» Une fois de plus, ils purent admirer l'érudition de leur maître, infaillible dans les grandes et dans les petites choses.

Depuis quelque temps, Vidal examinait Pénélope attentivement et d'un air préoccupé. «Haschisch? lui demanda Nemours.

—Non, non, ce sont des cigarettes américaines ordinaires. C'est à autre chose que je pense. Mais je ne me prononce pas encore, il faut que je vérifie dans la Psychopathologie. »

Quand ils furent sortis de la tour, Pénélope prit une cigarette et en offrit une à Martial. Nemours, l'air grave, fit *non* de la tête. Martial déclina prudemment et adressa à l'élève un signe discret de remerciement. « Mais ce sont d'innocentes cigarettes américaines, rien de plus, dit Cottin à Marcorelle.

—Crois-tu qu'il lui aurait fait signe si cela avait été quelque chose de plus ? »

*

* *

L'itinéraire avait été soumis à la censure du proviseur et M. Bernier avait été inexorable, si cet auteur n'est pas au programme, il doit y avoir une raison, Martial : il ne pouvait pas les accompagner à Brantôme. Il tira sa montre suisse de sa poche. « Mais déjeunons ensemble au bord de la route. »

Passant de Gironde en Périgord, le professeur sentit l'influence du climat tempéré. *Dans les climats tempérés,* dit Montesquieu, *l'amour, accompagné de mille accessoires, se rend agréable par des choses qui d'abord semblent être lui-même, et ne sont pas encore lui.* Ils firent halte à une station-service. Martial demanda au pompiste s'il n'y avait pas dans les environs un petit vallon ombragé par des bosquets et rafraîchi par un ruisseau. « Mais certainement, dit le pompiste, tournez à droite à un kilomètre d'ici et prenez ensuite le deuxième chemin de terre à gauche. » Vidal, cependant, avait eu confirmation de ses soupçons. Sans un mot, il tendit sa Psychopathologie à Nemours, ouverte à une certaine page. Ayant lu, Nemours avertit les autres de tenir leur argent de poche en sûreté.

Comme les deux véhicules ralentissaient pour tourner à droite suivant les indications du pompiste, le même autocar Mercedes que Martial avait remarqué quand ils quittaient La Brède, les dépassa d'un train d'enfer, en donnant un coup d'avertisseur offensif.

*

* *

Les élèves, ayant déjeuné, étaient allés folâtrer dans les bosquets. M. Kurt, après avoir essayé de suivre le parallèle que faisait le professeur entre Montaigne et Brantôme, s'était endormi sous un chêne. La bouteille de vin que Martial avait plongée dans le ruisseau et calée avec des pierres avait atteint la température qu'il souhaitait. L'âge d'or pouvait refleurir. « Brantôme, disait le professeur, ne faisait pas remonter les origines de sa maison aux croisades comme tout le monde, mais jusqu'aux romans arthuriens, dans lesquels il avait trouvé qu'une Frédégonde de Montbron sa parente, avait été fort recherchée des chevaliers errants. *L'on pourra dire que ce sont fables que ces contes de ce Roy Artus et des chevalliers errans. Aucuns le disent, d'autres non.* Sait-on jamais ? »

Il se demandait si elles avaient lu le second *Recueil des dames* jusque dans ses développements les plus curieux. (Quand ils étaient en khâgne, c'est ce que Bordheuil lisait au petit déjeuner.) Si cet auteur n'est pas au programme, il doit y avoir une raison. Il n'était pas question d'aborder Brantôme par son côté le plus scabreux. Martial connaissait les usages de l'Arcadie. Il craignait aussi, non sans raison, d'être épié par quelqu'un de ses élèves dissimulé derrière un arbre ou dans un buisson. Il préféra parler chiffons avec les jumelles. Il mentionna les célèbres descriptions des toilettes de la reine Margot par Brantôme, *une robe de satin blanc, aveq'force clinquant, et ung peu d'incarnadin meslé, aveq un voille de crespe tané, ou gaze à la romayne, jetté sur sa teste comme négligemment*, cela ne vous irait pas mal, et à vous : *une robbe de vellours incarnadin d'Hespaigne fort chargée de clinquant, et un bonnet de mesme vellours, tant bien dressé de plumes et pierreries que rien plus.* « Il habille ses poupées », fut le commentaire laconique de Nemours quand Marcorelle le releva de son tour de garde.

Martial crut plaire à Pénélope en parlant stupéfiants, mangeurs d'opium, paradis artificiels. Puis ils allèrent cueillir des fruits sauvages. Il questionna ses compagnes sur leur voyage. Elles avaient vu Croisset, Port-Royal des Champs, Illiers, Ferney, les Charmettes. Martial avait visité tous ces lieux, excepté Port-Royal. « On nous y a fait voir les derniers jansénistes, lui dirent-elles.

— Vous voulez dire leurs portraits.

— Non, non, vivants comme vous et moi. » Il se demanda de quelle mauvaise plaisanterie elles avaient été victimes, mais ne voulut pas les détromper.

Enfin, comme il arrive en voyage, il fallut goûter l'amertume des sympathies interrompues. Martial, posté sur la route, regardait à droite et à gauche, le bras levé. Puis il leur fit signe que la voie était libre. M. Kurt le regardait faire en silence. Aucune automobile n'était passée sur cette petite route depuis qu'ils s'étaient arrêtés. Les vitres de la Volkswagen étaient abaissées et Martial entendit clairement une des jumelles dire : *charming old man*.

« Vous ne venez pas ? » dit M. Kurt qui avait mis le moteur de l'autocar en marche. Martial voulut tirer sa montre de sa poche, mais ne trouva rien au bout de la chaîne. « Quelle heure est-il ? demanda-t-il à Marcorelle.

— It may be later than you think, répondit Clare Quilty.

— Comment ?

— Il est quatre heures moins cinq », répéta Marcorelle.

*

* *

Ils devaient passer la nuit à Poitiers et de là gagner le château de Saché. Les événements de la journée, si insignifiants qu'ils aient été, avaient fatigué Martial. Avant de céder au sommeil, il crut reconnaître, dans les faubourgs de Périgueux, l'autocar Mercedes, qui stationnait devant un stade où se jouait une partie de football.

Le chauffeur fredonnait une chanson de Jean Sablon :

Je tire ma révérence
Et m'en vais au hasard
Par les routes de France,
De France et de Navarre...

« Qui a parlé de Marguerite de Navarre ? demanda Martial en s'éveillant en sursaut.

— Personne, dit Nemours, ce n'est rien, c'est M. Kurt qui chantonne. Dormez.

— Marguerite d'Angoulême, 1492-1549, récita Martial, duchesse d'Alençon et de Berry, reine de Navarre, sœur unique du roi François Ier, dite la perle des Valois et encore la Marguerite des Marguerites. Son emblème : le tournesol. Sa devise : *Non inferiora secutus*. Œuvres spirituelles, poésies profanes, pièces de théâtre sacré, moralités. Surtout l'Heptameron, inachevé, inspiré par le Decameron. [Des voix ensommeillées au fond de l'autocar : Assez !] Écrit en litière pendant ses voyages. C'est la grand-mère de Brantôme, sa dame d'honneur, qui tenait l'écritoire. Et maintenant ne me demandez plus rien. » Il se rendormit aussitôt, à supposer, bien sûr, qu'il se fût éveillé. « Quel cerveau ! dit Cottin. Toujours sur le qui-vive. »

III

HOMO SELVATICUS

« Le mot roman nous trompe, a dit Léo Valence ; et plus encore l'histoire de la littérature, qui parle sans rire de *La Table Ronde* comme s'il s'agissait d'un état primitif de *La Comédie Humaine.* » C'est à Poitiers, à la cour d'Aliénor d'Aquitaine, vers 1150, que ce mot a été d'abord employé pour désigner une œuvre littéraire. *Mettre en roman* signifiait traduire assez librement en langue romane un texte en latin. Il y eut un *Roman de Thèbes* d'après Stace, un *Roman d'Énéas*, adaptation de l'Énéide, et un *Roman de Troie* qui suivait des sources latines, prétendues traductions de récits du siège de Troie par des témoins des événements : les auteurs de ces romans se défendaient d'inventer. Dans le prologue, ils assuraient le lecteur que, pour la matière, ils suivraient fidèlement leur source, se bornant à recomposer, remanier, arranger et développer ce qu'ils jugeraient devoir l'être. Ces œuvres étaient beaucoup plus riches et raffinées que les chansons de geste. On y respectait des trêves dans les combats, et des analyses de sentiments amoureux étaient développées dans des monologues. (Aliénor était la petite-fille du premier troubadour, Guillaume IX d'Aquitaine.) L'*ekphrasis* des Anciens, la description détaillée d'œuvres d'art merveilleuses, robes d'apparat, chars de combat, statues, palais, tombeaux, inspirait particulièrement les auteurs. Celle de la chambre d'albâtre du palais de Priam occupe trois cents vers. Dans le dernier, on dit ce qu'il a coûté, *cent mil livres*. Il y a quelque chose de bourgeois dans le roman dès son origine. Le cheval de Tydée vaut *cent livres d'or et plus*. Son bouclier avait coûté *mil solz*, mais après un combat qui tourne mal *est venu a petit prez*. Le palefroi d'Antigone, *treiz cenz livre*. Les noces d'Œdipe et de Jocaste, avec jongleurs, concours de poésie, hécatombe d'ours, tout compris *mil livre*. La pendaison de crémaillère de César Birotteau, soixante mille francs. L'hôtel du comte Laginski neuf cent mille francs. Corrigé sur épreuves : onze cent mille. Le parc seul, trois cent mille francs. Corrigé sur épreuves : quatre cent mille. (« Oui, en effet, pendant qu'on y est... », Dit Sacha Guitry.) Les bottes à gland de Lucien de Rubempré, quarante francs, son dîner chez Véry cinquante, c'est-à-dire un mois de son existence d'Angoulême. Me voilà sans un liard à la lettre. J'ai huit francs et la gouvernante sept. Et je suis au 12 ! Le 15, l'ébéniste vient chercher cinq cents francs et mon peintre autant. Allons, avec beaucoup de copie je m'en tirerai. Ma chère Ève, tu ne peux pas savoir ce que c'est qu'une maison à arranger.

« Le roman du XIXe siècle n'a pas de passé », dira plus loin Léo Valence. Sans doute. Cependant, on trouve des *ekphrasis* fossiles dans *Madame Bovary*, inspirées par une malice méthodique : la description célèbre de la casquette de Charles, *ovoïde et renflée de baleines, elle commençait par trois boudins circulaires…*, et celle de la pièce montée dans la scène du mariage rustique, *à la base, d'abord, c'était un carré de carton bleu…* Le tombeau d'Hector dans *Le Roman de Troie* et celui de Camille dans *Le Roman d'Énéas* sont aussi des pièces montées. À chaque étage, l'auteur dit qu'il y en a un autre au-dessus, plus haut et plus large, et d'un autre style. Dans celle de Flaubert, le premier étage est néo-classique, le deuxième dans le genre troubadour et le troisième de style bergerie. Chrétien de Troyes réforma tout cela. Il perdait son temps. Le roman montra assez dans la suite qu'il n'y avait rien dont il ne fût capable de faire son profit, excepté le bon goût. Il fut pour cela vilipendé par ceux qui en lisaient tout de même et tourné en dérision par ceux-là mêmes qui en faisaient. Au temps des colporteurs et de la Bibliothèque Bleue, on le méprisa parce qu'il était lu par les femmes de chambre, personnes peut-être plus respectables cependant, et assurément plus aimables que les guerriers de retour des croisades pour qui avaient été écrits les romans de la Table Ronde. Au XIXe siècle, l'industrie littéraire ne contribua pas à accroître son prestige. « La Comédie Humaine, a dit Léo Valence lors d'un cocktail, c'est l'intrusion du journalisme dans le roman-feuilleton. »

*

* *

« La Comédie Humaine, dit Martial au petit déjeuner, ce n'est pas l'intrusion du journalisme dans le roman-feuilleton.

— Vous n'êtes pas d'accord avec Léo ? » demanda M. Kurt. Martial vivait dans la familiarité des grands auteurs. Dans ses monologues intérieurs, il appelait Flaubert Gustave, Proust Marcel et Faulkner Bill, mais il s'en gardait bien dans la conversation. Il avait toujours souffert de ce qu'un usage complaisant autorisât le premier venu à appeler Jean-Jacques l'auteur de *La Nouvelle Héloïse* et Gérard celui d'*Aurélia*. Il ignora l'interruption de M. Kurt et poursuivit : « Les romans de Balzac ne supportent pas un découpage qui tiendrait l'intérêt du lecteur en suspens d'une livraison à l'autre. L'action proprement dite s'y engage souvent fort tard. Parfois, les personnages de la fiction ne paraissent qu'après une longue introduction documentaire ou physiologique, on dirait aujourd'hui sociologique.

— L'intrusion du journalisme, dit Cottin.

— Mon cher Cottin, il n'y a pas d'intrus dans le roman, dit Martial. ».

*

* *

Tapisserie acquise par Epistemon dans l'île de Medamothi, sur laquelle sont peints au vif les Atomes d'Épicure et les Idées de Platon, anciennement dans la collection de M. Gustave Flaubert: c'était, exposé à la Devinière, un des souvenirs du grand voyage entrepris pour interroger l'oracle de la Dive Bouteille après que, sur la question de l'opportunité de se marier et sur celle de la probabilité d'être cocu, Panurge eut consulté successivement, sans arriver à une réponse satisfaisante, la Sibylle de Panzoust près le Croulay, un sourd-muet, le poète Raminagrobis, l'occultiste Her Trippa, un théologien, un médecin et un philosophe, le juriste Bridoye, le fou Triboulet, le Neveu de Rameau, le père Souël, l'abbé Blanès, Louis Lambert, Dumouchel et le docteur Lacan, et Martial se disait en considérant Cottin qui contemplait les Idées de Platon la bouche ouverte, que celui-là, quand il serait grand, n'aurait pas besoin de faire tant de chemin pour la réponse à la deuxième question. On pouvait voir dans une vitrine des manuscrits et des lettres calligraphiées, François Rabelais, Médecin, à Très Illustre et Très Savant Seigneur Jean Du Bellay, Évêque de Paris et Conseiller du Roi en son Conseil Privé, Salut, à André Tiraqueau, Juge Très Équitable en Poitou, au Sieur Guillaume Budé, François Rabelais, Franciscain. Des lettres de lecteurs aussi, peu variées: Êtes-vous sérieux? Signé Lucien Febvre. Êtes-vous sérieux? Signé Abel Lefranc. «Sade recevait la même, dit Martial. Cette question n'a d'ailleurs aucun sens en littérature.

—Ah bon?» dit Cottin.

*

* *

L'autocar roulait dans la nuit. M. Kurt, occupé de la pensée de Mme Kurt, chantonnait :

Mais dites-lui quand même
Simplement que je l'aime,
Dites-lui, voulez-vous,
Bonjour pour moi et voilà tout.

Depuis Saché, Martial était soucieux. Bordheuil avait dit : « Nous nous reverrons… » Ce soir ils dormiraient à Chinon et Bordheuil serait à Tours, occupé à jouer au chemin de fer, à la roulette, au baccara, à passe dix, à trente et ung, à pair et séquence, à la nicnoque, à je te pince sans rire, au bourry bourry zou. Fort bien. Mais demain ? Après-demain ? Demain Martial conduirait ses élèves dans la forêt de Brocéliande où est le prétendu tombeau de Merlin, qui selon la tradition était fils d'un démon et d'une chrétienne, c'est-à-dire demi-frère ou au moins cousin de Bordheuil. Le monde était trop petit.

*
* *

« L'action des romans de la Table Ronde est au temps de la guerre des Bretons et des Saxons, au Ve siècle, dit Martial assis sur un mégalithe. Ils ont été écrits au XIIe et au XIIIe siècles et leurs auteurs s'inspiraient sans les comprendre de mythes, transmis par les bardes celtes, dont les personnages étaient de très anciens dieux indo-européens. Les peuples indo-européens qu'on a appelés Celtes se sont établis ici au cours du premier millénaire avant Jésus-Christ. Il est prouvé que ces mégalithes et ces alignements datent au moins du deuxième millénaire. Ceux qui ont élevé ces prétendus tombeaux de Merlin et maison de Viviane n'ont donc rien à voir avec la Table Ronde ou le Graal.

— Ce sont probablement les mêmes qui ont creusé le montant de la cheminée à La Brède, suggéra quelqu'un. Mais alors pourquoi nous avez-vous conduits ici ?

— J'avais envie de faire une promenade en forêt. Un autre vous aurait conduits au casino. »

Martial descendit de son mégalithe et ils reprirent le chemin du village. « Dans le cycle du Graal, poursuivit le professeur, Viviane est la fille d'un vavasseur breton, filleul de Diane, laquelle séjourna dans cette forêt quelque temps avant sa mort.

— La mort de qui ? demanda Cottin.

— De Diane.

— Tu te rappelles ? Plutarque, dit Marcorelle. Allô, allô ! Le grand Pan est mort ! Clac. On n'a jamais su qui avait appelé.

— Aucune importance, la nouvelle était fausse, fit observer Martial. Avant de mourir, dit Diane à son filleul, je vais assurer un brillant avenir à ta fille. Elle deviendra la maîtresse de l'homme le plus savant de la terre, à qui elle dérobera tout son savoir et qu'elle tiendra en son pouvoir : Merlin. Il y a dans le cycle du Graal un côté science-fiction qui est dû à ce personnage. Merlin vient de loin, de la tradition orale celte. Pour nous barbares, la littérature est une chose récente. Les premiers auteurs qui employèrent la matière de Bretagne n'avouaient pas ce qu'ils devaient à la tradition orale. Ils disaient : j'ai trouvé le sujet de ce conte dans un vieux livre de la bibliothèque de tel archevêché. Dans le cycle du Graal, c'est un peu différent, l'auteur raconte la composition du livre même qu'il prétend être sa source. Comme aux Éditions de Minuit. Tant il est vrai que la modernité est ancienne. Merlin va trouver un clerc, à qui il se propose de dicter l'histoire du Graal. Dès lors, Merlin doit périodiquement quitter la cour du roi Arthur et s'en aller dans la forêt de Northumberland où s'est retiré le clerc, pour lui dicter l'histoire du dernier tournoi ou de la prochaine bataille. Sa science lui permet heureusement de franchir les eaux sans se mouiller. Le Merlin mythique, à demi homme sauvage, *homo selvaticus*, disparaissait dans la forêt comme un fou chaque fois que son instinct lui rendait insupportable de vivre plus longtemps sous un toit, et je dois dire que je ressens en ce moment quelque chose de ce genre. Si vous voulez bien m'excuser après dîner, j'irai faire une promenade en forêt.

— Ce ne serait pas prudent, dit Cottin, on annonce un violent orage et le baromètre est au plus bas.

— Si l'état du ciel et le baromètre étaient en contradiction, dit Martial, Goethe suivait le baromètre parce que, dit-il à Eckermann, c'est le plus simple, et qu'il s'en tenait toujours au plus simple. Malgré tout le respect qu'il faut avoir pour Goethe, vous voyez ce que je veux dire…

—Mais l'état du ciel n'est même pas en contradiction avec le baromètre, objecta Cottin, les nuages s'accumulent au couchant et les hirondelles rasent le sol.

—Avez-vous remarqué ce paysan qui arrose son potager? demanda Martial patiemment. Ne voyez-vous pas la finesse et l'expérience peintes sur sa physionomie? Croyez-vous qu'il prendrait la peine d'arroser son potager s'il devait y avoir un orage? Ou bien prenez-vous les paysans, comme Mme de Sévigné, pour des nigauds et des ivrognes, ou comme Voltaire pour des animaux qu'on appelle hommes vivant dans de grandes huttes qu'on appelle maisons?» Que répliquer à cela? Cottin se demandait ce que Martial pensait vraiment de Goethe, de Mme de Sévigné et de Voltaire. Si on vous le demande, vous direz que vous n'en savez rien.

*

* *

Ils étaient logés à l'entrée du village dans un grand bâtiment où s'établissaient, l'été, des colonies de vacances. La forêt de Brocéliande commençait de l'autre côté de la route. «Où est votre professeur?» demanda M. Kurt quand, après le dîner, éclatèrent les premiers coups de tonnerre. «Il est parti! dit Cottin.

—Oui, il est parti vers l'Ouest, en pleine forêt et d'un bon pas, confirma Nemours. Il était plein de l'esprit de Merlin et il a lu sur cela quelques pages de Chateaubriand à table dans le Destrées et Gouyon. Il espérait peut-être, s'il marchait assez longtemps et une fois franchies les eaux *modo Merlini*, voir le sassafra, le tulipier et le catalpa remplacer le chêne et le châtaigner.

— Il avancera alors avec peine, enchaîna Marcorelle, parmi des indigos, des faséoles, des lianes rampantes qui entraveront ses pieds comme des filets, et des arbres abattus, sur lesquels s'élèvent d'autres générations d'arbres. Il cherchera en vain une issue dans ces solitudes, la forêt deviendra plus sombre, l'idée du néant se présentera à lui.

— Cela se pourrait, dit M. Kurt.

— Mais Martial connaît son Chateaubriand, dit Vidal. Il s'orientera d'après le magnolia, car il sait que du sein de ces massifs le magnolia élève son cône immobile et, surmonté de ses larges roses blanches, domine toute la forêt.

— Comme dans Eugène Sue, continua Saint-Rouf, on verra des traces de pas sur la neige qui couvre la limite des deux continents divisés par le canal de Behring, les pas de Martial.

— Dans une province non identifiée de la Russie, reprit Nemours, il traversera le parc de Pliouchkine, dont les beautés longuement décrites par l'auteur sont complètement perdues pour le héros, ce qui arrive rarement dans les romans, vous l'aurez remarqué. Martial aura à peine le temps de l'apercevoir, ce héros pressé riant tout seul au fond de sa britchka. Dans la forêt de Wilflingen, il croisera Ernst Jünger à la chasse aux fourmis.

— Il nous reviendra enfin, conclut Marcorelle, mûri, riche d'expériences de toutes sortes et, comme Ulysse les

Phéaciens, il nous enchantera avec le récit de ses aventures.

—Espérons-le», dit M. Kurt du ton le plus sombre.

*

* *

La nature avait honnêtement donné au professeur tous les avertissements possibles, jusqu'au silence absolu des bois et à l'immobilité parfaite de l'atmosphère qui précèdent les grands orages. Mais Martial était un homme de cabinet ignorant des choses de la nature. La foudre tomba d'abord assez loin. En philosophe, il pensait comme Voltaire que le tonnerre n'est qu'un grand phénomène électrique et que s'il foudroya Ajax Oïlée, ce n'est pas assurément parce que Minerve était irritée contre lui. Et dans le cas contraire, pourquoi Minerve, la déesse de la sagesse, des sciences et des arts, serait-elle irritée contre Martial, le parangon des pédagogues ? Plus les impacts se rapprochaient, moins la philosophie se trouvait capable de le rassurer. En effet, Lucrèce pour détruire la superstition demande pourquoi la foudre ne frappe pas de préférence les impies et les criminels, mais indifféremment et aussi bien celui à qui sa conscience ne fait aucun reproche. Martial était précisément dans ce cas.

Des Barreaux, libertin notoire du temps de Marion de l'Orme, mangeait une omelette au lard un vendredi de carême, quand un violent orage éclata, avec tonnerre, éclairs et foudroiements. Des Barreaux se leva, jeta l'omelette par la fenêtre et dit avec humeur : voilà bien du tapage pour une omelette ! Martial, en ce moment, n'était pas en mesure de goûter cette anecdote. Les éclairs se concentraient à sa droite et à sa gauche de telle sorte qu'il finit par se sentir visé personnellement. Puis les douze vents se déchaînèrent. À la peur succéda le froid. L'obscurité devint totale et le déluge commença. C'est alors que la situation du professeur devint vraiment inconfortable.

Suave mari magno turbantibus aequora ventis
E terra magnum alterius spectare laborem.

M. Kurt était le seul qui s'inquiétât réellement de l'absence de Martial. Certains élèves l'incitèrent avec perfidie à alerter la gendarmerie, mais M. Kurt connaissait assez Martial pour savoir que le disparu n'aurait en aucun cas souhaité qu'on eût recours à une mesure aussi extrême.

*
* *

À sept heures du matin, un fourgon bleu entra dans la cour. Martial en sortit encadré par deux gendarmes. Toutes les fenêtres du premier étage s'ouvrirent simultanément et les flashes l'aveuglèrent. Le sujet présentait un plus grand intérêt humain que les douves de La Brède ou les tourelles de Saché. « Il ne lui manque que les lunettes noires », dit Marcorelle. Les gendarmes, qui étaient allés se rendre compte des dommages causés par les intempéries, l'avaient trouvé au petit matin, hébété, transi de froid et complètement perdu.

M. Kurt alla chercherles papiers du professeur dans la poche de son blazer. Après les avoir examinés attentivement, les gendarmes les rendirent à Martial et le saluèrent militairement. Il leur rendit leur salut avec dignité.

M. Kurt le prit alors à part et ils eurent une brève conversation dans laquelle il fut question de l'âge du professeur. Martial, sans dire un mot, s'assit ensuite à la table où était servi le petit déjeuner et mangea avec honte mais non sans appétit.

Nemours avisa ses camarades de mettre leurs pellicules photographiques en lieu sûr. Dans la suite du voyage, Martial perdit beaucoup de temps à les chercher.

IV

ANYTHING GOES

L'étape du matin était Les Rochers, demeure d'un des auteurs favoris de presque tout le monde.

Saint-Simon : *Mme de Sévigné, si aimable et de si excellente compagnie.* Voltaire : *Un style qui peint et anime tout.* Henry James (parlez dans le micro) : *The great charm of Mme de Sévigné's style is her perfect ability to say whatever she pleases.* Voltaire : *C'est dommage qu'elle manque absolument de goût, qu'elle ne sache pas rendre justice à Racine, qu'elle égale l'oraison funèbre de Turenne prononcée par Mascaron au grand chef-d'œuvre de Fléchier.* Tomasi di Lampedusa (comme s'il n'avait rien entendu) : *Dotata di grande gusto letterario.* Voltaire (sèchement) : *Les Lettres de Mme de Sévigné sont faites pour les Français.* Proust (ma petite Albertine) : *le côté Dostoïevski de Mme de Sévigné.* Dostoïevski : *Je n'ai jamais pu souffrir Mme de Sévigné.*

Voltaire : *La première personne de son siècle pour le style épistolaire, et surtout pour conter des bagatelles avec grâce*. Renan (chez Magny, entre deux vins) : *C'est déplorable cette réputation ! Et puis ce n'est pas un penseur !* Chateaubriand : *légère d'esprit, inimitable de talent, positive de conduite, calculée dans ses affaires*. Michelet : *une légèreté qui fait mal*. Saint-Simon : *extrêmement bonne d'ailleurs*. Léo Valence(les coudes sur le bureau Empire de la rue de Valois, se tenant le menton d'une main et dressant l'index de l'autre) : *Beaucoup moins qu'on ne l'a dit*. Tomasi : *La meno pettegola delle donne*. Bordheuil (négligemment, en terrasse aux Deux Magots) : *Mme de Sévigné ? La concierge des lettres françaises*.

Un homme de la cour disait l'autre jour à Mme de Ludres : « Madame, vous êtes, ma foi, plus belle que jamais.

— Tout de bon, dit-elle, j'en suis bien aise, c'est un ridicule de moins. » Pour Martial, ce mot rapporté par Mme de Sévigné donnait une idée plus juste de l'esprit du siècle de Louis XIV que n'importe quelle définition. Le professeur était l'ennemi des définitions. On peut ne pas être d'accord avec Martial sur la signification et l'importance qu'il prêtait à ce mot. Toujours est-il que Louis XIV fit de Mme de Ludres sa maîtresse.

*

* *

L'après-midi, Combourg. (M. Kurt : « Encore un château ! ») « Vous voulez des billets pour le château, pas pour l'exposition, dit la caissière d'un ton plus affirmatif qu'interrogatif. C'est *Chateaubriand et les femmes*, ajouta-t-elle en abaissant la voix. — Pour le château *et* l'exposition, répondit Martial. Croyez-vous que j'enseigne au petit séminaire ?

— Comme vous voudrez. Et où enseignez-vous, au fait ? » Il le lui dit. « Eh bien, j'ai quelque chose pour vous. » Elle ouvrit un tiroir fermé à clé et en tira la montre suisse de Martial. « Comment diable… ?

— De jeunes personnes ont laissé cet objet que vous aviez égaré.

— Quand était-ce ? demanda Martial.

— Hier. Des étrangères, accompagnées par un Monsieur de votre profession.

— Comment était-il, ce Monsieur ? balbutia le professeur.

— Les cheveux ras, des vêtements sombres, bizarre. » Martial était blême. M. Kurt voulut le rassurer. Elles étaient quatre, et lui avaient paru parfaitement capables de se faire respecter. « Ah ! vous ne le connaissez pas !

— Ce qui m'étonne, dit M. Kurt, c'est qu'il ait laissé échapperla montre. »

Le guide, un petit vieux à casquette, était radieux. Il avait fait voir à des générations de touristes Chateaubriand et Napoléon, Chateaubriand et les Bourbons,

Chateaubriand et l'Amérique, l'Italie, l'Angleterre, l'Histoire, la Géographie, la Botanique, la Gastronomie. Aujourd'hui, blanchi, voûté et chenu, il voyait enfin l'exposition que Chateaubriand aurait voulue et que lui-même n'avait osé espérer. Certes, toutes n'avaient pu trouver leur place, avancez vers le fond. Il y avait Mme Récamier, Pauline de Beaumont, Delphine de Custine, Nathalie de Noailles, Cordelia de Castellane, Mme Hamelin, Hortense Allart, Miss Ives, deux demoiselles muscogulges, des servantes d'auberge et plusieurs dames qui n'avaient pas voulu être nommées. Il y avait encore la Louisianaise, l'Occitanienne, Zanze la Vénitienne et, connues seulement par procuration, la Fornarina, Leonora la Romaine et Nina Barcarola. (M. Kurt : « C'est le Crazy Horse. »).

Le château fut moins apprécié que l'exposition, à l'exception des toilettes. D'innombrables graffiti de la dernière obscénité, monuments du passage des élèves de Bordheuil, y illustraient les idées de leur maître sur l'auteur de *Génie du Christianisme.* Cottin les avait découverts. Il les avait signalés à Nemours et Marcorelle qui, en ayant aussitôt mesuré l'importance iconographique et littéraire, engagèrent Martial à aller les voir à son tour.

*

* *

« Si vous voulez, avait dit Martial. Mais pas trop fort, j'ai assez peu dormi la nuit dernière. Excusez-moi. »

Des poissons rouges passaient et repassaient, toujours dans le même sens. Au fond du bocal, le mot *interlude* indéfiniment répété défilait en sens inverse. On entendait des ondes Martenot. Mesdames, Mesdemoiselles, Messieurs. La speakerine sortait du salon de coiffure. Un incident technique indépendant de notre volonté. On allait reprendre la diffusion du film du soir.

Les duellistes paraissent simultanément aux deux extrémités de la rue, Martial au fond, devant le bureau de la Western Union, Bordheuil au premier plan, sortant de la maison de tolérance. Un chien qui grattait le sol à l'ombre d'un abreuvoir juge prudent de quitter le cadre par un côté pour aller peut-être déterrer sa grand-mère dans un livre célèbre. Le visage de Bordheuil exprime la résolution froidement sanguinaire du moment et l'irrépressible rapacité de toujours. Et ensuite la ville sera à moi. Celui de son adversaire est plus minéral que jamais : Martial sait que l'heure n'est pas à la psychologie ni à l'intériorité. Ils se mettent en marche lentement l'un vers l'autre, la main droite à la hauteur de la hanche. Le vent de la plaine entraîne des amoncellements de broussailles et soulève des tourbillons de sable à travers lesquels on ne voit bientôt plus rien. Deux coups de feu retentissent au même instant, puis d'autres séparés par des intervalles égaux. Quand les tourbillons se sont dissipés, on voit une arène. Maciste et un groupe de martyres chrétiennes y ont à démêler avec des bêtes sauvages. La silhouette athlétique de Martial convient au personnage, et plus encore son caractère profondément inactuel, car Maciste a été chasseur alpin en 1914, redresseur de torts dans l'Espagne du Siècle d'Or et à la cour du Grand Khan, à Byzance, Rome, Sparte, et jusque dans la Vallée des Rois au IIe millénaire avant notre ère. Il a survécu à des naufrages, à des tremblements de terre et à des pluies de feu. À la suite d'autres héros plus littéraires, il est descendu aux Enfers et en est revenu. Dans la loge impériale, gras, l'œilglauque, drapé de pourpre, Bordheuil étouffe un bâillement et fait signe du petit doigt qu'on ouvre les écluses. Tout est submergé. On distingue une voile à l'horizon. Bordheuil saisit une lunette d'approche. À l'intérieur du cercle bordé de noir, une image d'abord floue devient nette : Martial debout à la proue de sa frégate, en casaque de soie garnie de dentelles, bottes à l'écuyère et chapeau de feutre orné d'une longue plume tombante. Le capitaine Bordheuil, au partage du butin, s'était adjugé les captives anglaises. Cela avait déplu à Martial, il n'y aurait pas de quartiers, feu de bordée, Frères de la Côte en avant ! Des cascadeurs exécutent l'abordage. Les plus délicats manient l'épée, d'autres le sabre et le pistolet, certains la hache. Bordheuil jette une torche dans la cale et, dans un éclat de rire sardonique, s'écrie : « Nul n'en réchappera. Le navire va sauter ! » Le navire saute. Une épaisse fumée emplit l'écran. Bordheuil assis à son bureau, occupé à compter des billets de banque, éteint son briquet et aspire la fumée d'un Montecristo. Une glace sans tain en demi-lune lui procure une vue plongeante sur la salle. À la table du chemin de fer, Martial, en smoking blanc, aligne des jetons. Il gagne. « F.B.I., dit Bordheuil.

— Qu'est-ce qu'on en fait, boss ? demande un des deux hommes en complet à rayures trop large.

— Qu'on le laisse gagner, ensuite une promenade en automobile comme les autres. – Oui, Bwana. » Les deux anthropophages sortent de la hutte du Sorcier Blanc et ligotent prestement Martial (costume de toile, bottes graissées, casque colonial) à un poteau. Un cercle de danseurs se forme autour du captif, stoïque dans l'épreuve, contemplant avec un détachement britannique la broche qu'on apprête et le feu qu'on attise. Un chien, celui de tout à l'heure, affamé, aboie au rythme du chant des anthropophages. Le jour se lève. Le comte Bordheuil est étendu dans son cercueil, les yeux grand ouverts, les canines sanglantes, après une nuit bien employée. Armé d'un pieu et d'un marteau, une tresse de gousses d'ail en bandoulière et une croix d'argent sur la poitrine, Martial pénètre dans la crypte. Quatre jeunes adeptes cataleptiques, au type anglais, se dressent hors de leurs cercueils pour défendre le Maître. C'est alors que Martial marche sur la queue du chien occupé à déterrer sa grand-mère. La pauvre bête hurle, tous éclatent de rire. Coupez ! La prise est à refaire. Martial et Bordheuil esquissent un pas de deux. L'orchestre joue *Anything goes* de Cole Porter. Le style de Martial est athlétique et précis, celui de Bordheuil plus souple et désinvolte. Dans une comédie musicale, les numéros chorégraphiques ont-ils à faire progresser l'action ? Bien sûr que non. Happy ending.

Bras dessus, bras dessous, ils tirent leur révérence, et s'en vont au hasard par les routes de France, de France et de Navarre.

V

LA D.S. NOIRE

Prax examinait en connaisseur les machines des motards de l'escorte. À côté des deux motocyclettes, la D.S. noire, consciente d'elle-même. Derrière la D.S., Martial visiblement ému, et sa classe.

*« Que Flaubert soit un écrivain pour les écrivains, nul ne l'ignore. Il vaut la peine de se demander lesquels. Ceux qu'il a connus ? Laissons Tourgueniev, Maupassant, George Sand tranquilles. Baudelaire ? Pas davantage. Baudelaire et Flaubert sont nés la même année. Comprenons bien que si l'un achève le XIX*e *siècle, l'autre prémédite le XX*e*. Baudelaire écrit* Les Fleurs du Mal *pour que Victor Hugo le lise. (*À Victor Hugo. Charles Baudelaire. *Les bibliophiles connaissent...) Et veut entrer à l'Académie Française. Flaubert sait très bien que Victor Hugo, avec qui il est en relation, ne lira jamais* L'Éducation sentimentale... »

Le vent emportait une partie des propos de l'orateur. Il y a toujours du vent quand Léo Valence prononce un discours.

« ... *Commençons par déblayer un peu,* disait le ministre. *Rémy de Gourmont se demandait sans rire si la Correspondance de Flaubert n'est pas supérieure à ses romans. Écartons cette galéjade. Il serait absolument inutile de nous attarder aux Journaux de voyage si ce n'était pour quelques phrases, que Gide me signala. Nous savons qu'il y a la phrase de Flaubert. Nous savons moins qu'il y a la phrase de* Madame Bovary, *la phrase de* Bouvard et Pécuchet, *et les autres de même. Il est troublant qu'il y en ait des ébauches dans le Voyage en Orient.* La Tentation de saint Antoine *semble attendre : "La lumière limpide paraît pénétrer la surface des choses et entrer dedans." Et "À notre gauche Le Caire s'entasse sur une colline", si l'on y remplace le présent par le temps du roman, le passé défini, et le Nil par la Seine (moins romanesque ? j'y reviendrai), conduit à peu près à la phrase célèbre de* L'Éducation sentimentale *: "la colline qui suivait à droite le cours de la Seine peu à peu s'abaissa"... Passons aux œuvres publiées. Nous le voyons alors tour à tour refaire en déviant, ce qui avait été fait avant lui et faire avec rectitude ce qui ne l'avait pas été : voici la malice et la pitié de* Madame Bovary, *voici l'univers navrant de* L'Éducation sentimentale, *voici la pullulation cosmopolite des dieux secondaires dans la nuit égyptienne de* La Tentation de saint Antoine, *voici enfin l'inlassable esprit destructeur de* Bouvard et Pécuchet. *Nous ne dirions pas sans malaise : "tout l'œuvre de Flaubert",* *comme nous le dirions de Mallarmé, de Poussin. De qui d'autre ne le dirions-nous pas(je parle bien sûr des très grands artistes) ? Il n'y a pas foule. Picasso au premier rang. Ensuite ? Mettez les noms vous-mêmes... »*

Léo Valence, ministre d'État, compagnon de la Libération et romancier éminent, inaugurait la statue de Flaubert, place du 19 Septembre. Le voyage scolaire avait été arrangé par M. Bernier et Martial, respectivement cadre et sympathisant du parti gaulliste, pour qu'on passât par Rouen le jour du discours du ministre. Il n'y avait pas eu d'opposition ni même de remarque de la part de M. Kurt, qui était pourtant de tout autre obédience.

« ... La lecture des préfaces de Racine et de Corneille est décevante. Celle de la Correspondance de Balzac, affligeante. Suréna, Andromaque, Le Père Goriot *ont-ils été écrits par des somnambules ? Voltaire croyait passer à la postérité avec* Zaïre *et* Mérope, *pas* Candide *et* L'Ingénu. *Prenons-y garde, à partir de Flaubert, pour des raisons qu'il faudra bien découvrir un jour, en tout grand écrivain il y aura aussi un savant qui isole le virus de son art... »*

Prax faisait observer aux motards une particularité du carburateur de leurs machines dont ils ne s'étaient pas avisés.

« ... Le XIXe siècle, pas si stupide qu'on l'a dit, fut le temps de la dévaluation du sujet en art. Que serait un Cinna *de Racine sinon un pastiche, une* Phèdre *de Cor-*

neille ? Mais César Birotteau *de Flaubert,* Madame Bovary *par Balzac, ce n'est pas inconcevable... J'ai écrit autrefois qu'en peinture on sait depuis Manet que le portrait d'un capitaine n'est pas supérieur à celui d'un lieutenant. À partir de Flaubert, on saura qu'en littérature "Yvetot vaut Constantinople"... »*

Il y a cependant plus de Constantinople que d'Yvetot dans les romans de Léo Valence.

« ... Le roman du XIXe siècle n'a pas de passé. Il commence à Sainte-Hélène... »

« À quoi on pourrait opposer divers arguments, dit Nemours contrefaisant la voix de Léo Valence. Comme du reste Baudelaire achevant le XIXe siècle.

— Taisez-vous donc ! » dit Martial au garde-à-vous.

« ... Que le style d'une œuvre littéraire pût contenir plus de vérités que n'en comporte son sujet, on le savait au moins depuis Buffon. Distraitement. Mais l'affirmation de Flaubert, le style est à lui seul une manière absolue de voir les choses, *quel auteur du XXe siècle l'a-t-il oubliée parmi ceux qui valent qu'on en parle ? ... »*

Un style n'est à aucun degré l'expression d'une vision, a dit à peu près Malraux, pourtant si proche par tant de côtés de Léo Valence.

« ... Ce qu'ont voulu les auteurs de fictions, depuis le jour où Homère pria la Muse de chanter la colère d'Achille, jusqu'au soir où Flaubert posa sa dernière

plume, et de quoi cela est inséparable, vous le savez aussi bien que moi... »

Comme beaucoup de très grands intellectuels, Léo Valence croyait naïvement que chacun savait toutes choses aussi bien que lui et avait une vie intérieure aussi riche que la sienne. Ses interlocuteurs en étaient généralement flattés. Il arrivait cependant que cela embarrassât certains. Dans des conversations mondaines, on l'avait entendu dire « Précisez » à Anita Ekeberg et « Approfondissez » à Mme de Gaulle.

« ... Avec quelle esthétique s'accorde son pouvoir créateur ? La Correspondance nous l'apprend, en gros : "habituons-nous à considérer le monde comme une œuvre d'art dont il faut reproduire les procédés dans nos œuvres." Nous savons très bien les uns et les autres ici ce que cela voulait dire, et cela ne voulait pas dire le réalisme. Ce dont je parle n'a rien à voir avec ce que l'on appelle l'histoire de la littérature, dont nous savons ce qu'elle vaut.

« "Pas un atome de matière qui ne contienne la pensée..." Cet accent oriental, nous le trouvons chez Flaubert, nous le trouvons aussi chez Joyce... Et nous songeons aux litanies du divin dans la Bhagavad Gîtâ *que j'ai entendu psalmodier à Bénarès :*

Dans les vivants je suis la conscience
La parole et la mémoire
Et le silence des choses secrètes... »

« Et vous trouvez parfois mes cours obscurs, chuchota Martial à Nemours.

— Mais là c'est très clair. Je vous expliquerai tout à l'heure.

— Ce ne sera pas la peine, je crois avoir saisi » , dit Martial sèchement.

« ... Quel est le rapport de Daumier à La Comédie humaine *? Disons qu'il l'illustre et n'en parlons plus. Cézanne, quand il peint* La Vieille au chapelet *n'illustre pas Flaubert ("Approchez, vénérable Catherine-Nicaise-Élisabeth Leroux !") à qui il ne pense d'ailleurs qu'après coup. Il le traduit. Ce qui pourrait nous mener assez loin... »*

Le contrepoint dérisoire du dialogue entre Rodolphe et Madame Bovary prend fin *avant* l'évocation de Catherine Leroux. Cela n'est pas indifférent.

« ... Salut, Catherine-Nicaise-Elisabeth Leroux, qui allez donner votre médaille d'argent au curé pour qu'il vous dise des messes, salut vieille servante au chapelet de Cézanne qui baissez les yeux, salut jeune balayeuse de Rembrandt qui ne les baissez pas encore, salut vous aussi, cuisinière anonyme de Flaubert qui ne saviez pas en 1853 que Louis-Philippe n'était plus le roi, "que cela n'intéressait pas", et de qui il disait qu'"il faudrait être comme elle !"... »

À la libération, le Général va saluer la population de Normandie. Ovations. Michel Debré, commissaire de la République, l'accompagne. Il abaisse une vitre de l'automobile. Une pauvre femme jette un bouquet de fleurs et crie : « Vive le Maréchal ! » Dans le rétroviseur, Debré voit la consternation générale, qui le gagne. De Gaulle, avec bonhomie : « Un maréchal, un général, comment voulez-vous qu'ils s'y retrouvent ? »

« ... Qu'avec Madame Bovary *Flaubert eût porté les limites du romanesque au-delà de ce qui convenait à l'ordre établi, même les imbéciles le devinèrent. (Je dis romanesque pour simplifier.) D'où l'anathème du curé de Canteleu... »*

Quand des députés de la majorité avaient protesté contre la représentation d'une pièce de Jean Genet dans un théâtre subventionné par l'État, Léo Valence avait parlé ainsi à la Chambre : « Il s'agit d'un théâtre subventionné, dites-vous. Là-dessus, je n'ai rien à dire. L'extrait que vous nous avez lu donne, dites-vous, le sentiment qu'on est en face d'une pièce anti-française. Si nous étions vraiment en face d'une pièce anti-française, un problème assez sérieux se poserait. Or, quiconque a lu cette pièce sait très bien qu'elle n'est pas anti-française... Elle est anti-humaine... Elle est anti-tout... »

« ... Bien sûr le Ridicule avait joué pour Molière le même rôle que l'Héroïsme pour Corneille et le Vice pour Laclos. Et ce n'était pas si mal. Mais pour la première

fois, avec la bourgeoisie triomphante, un grand artiste prenait conscience des richesses inépuisables qu'offre l'énorme domaine de la Bêtise... Après la mort de Louis Bouilhet, il adressa au conseil municipal de Rouen une lettre qui est restée fameuse. Le conseil a refusé un monument à la mémoire du poète. Flaubert commence par répondre aux objections des conseillers et les attaque personnellement ce qui ne présentait pas de grandes difficultés. Chasse au canard. Mais à la dernière page il règle son viseur : "Et ce n'est plus à vous Messieurs, que je m'adresse, mais à tous les bourgeois. Je leur dis : conservateurs qui ne conservez rien, qui ne savez tenir ni une plume ni un fusil, avant d'envoyer le peuple à l'école, allez-y vous-mêmes !"... »

Léo Valence était ce qu'on appelait alors un gaulliste de gauche. Quand le Général fut parti, ceux qui restèrent ou parvinrent aux affaires lui donnèrent l'occasion de bons mots redoutables. À la question : « Le pompidolisme a succédé au gaullisme et le giscardisme au pompidolisme. Qu'est-ce que le giscardisme ? » il répondit : « Qui a succédé à Napoléon déjà ? En tout cas ce n'est pas Flambeau. » Et à un journaliste qui s'étonnait que dans les Mémoires de Léo Valence Mao s'exprimât avec la voix de Léo Valence : « Croyez-vous que quand il parlait avec Bettencourt il s'exprimait comme Bettencourt ? »

« ... Prenons-y garde, le procès de Madame Bovary *n'est ni celui du livre, ni celui de l'auteur, c'est celui du personnage. Vous connaissez le réquisitoire de l'Avocat*

impérial : "Messaline a raison contre Juvénal"... Ce magistrat chercha, la lanterne à la main en plein jour "dans le livre un personnage qui pût dominer cette femme. Il n'y en avait pas." Ce fut un procès de sorcellerie. Le dernier ? En sommes-nous si assurés ? À suivre... »

On appelle le témoin à décharge Michelet Jules ! Approchez, Michelet Jules !

« ... Nous connaissons tous le jugement des Goncourt : "Flaubert n'a aucun sentiment artistique." À vingt ans il fit le voyage d'Italie, comme c'était l'usage. Trois mois. En courant. Comme tous les bourgeois-artistes, il vit tous les musées et mit dans ses carnets tous les tableaux et les marbres possibles. "J'en ai dévoré le plus que j'ai pu." Il ne resta de ce voyage que le sujet de La Tentation de saint Antoine, *toile de Breughel le Jeune vue à Gênes. Le sujet, pas le tableau... Et, dans la diligence, l'homme à la perruche malade. "Quel singulier amour."* La Tentation de saint Antoine *et* Un Cœur simple. *Qui dit mieux ? ... »*

« Vous saviez cela ? demanda Nemours.

—*La Tentation de saint Antoine* oui, l'homme à la perruche non, dit Martial que l'émotion rendait honnête. Et vous ?

—Moi, oui, répondit Nemours.

—Moi aussi », dit Marcorelle.

« ... Nul n'avait vu dans Madame Bovary *un roman de George Sand mieux écrit. Pas davantage un roman de Balzac épuré. Assez curieusement, Madame de La Fayette a plus de chances de nous mener quelque part. Il y a à Sainte Anne une peinture de débile mental qui pourrait être une transposition démente du* Portrait de Shigemori. *Le rapport de* Madame Bovary *à* La Princesse de Clèves *nous paraît du même ordre ... »*

Martial avait toujours signalé à ses élèves l'analogie entre la mort du Prince de Clèves et celle de Charles Bovary.

« ... La première fois que je vis Gorki, nous parlâmes des romanciers français. Il me cita une phrase des Goncourt à propos de Flaubert, qui l'intriguait : "Il aime l'art comme les sauvages aiment un tableau : en le prenant à l'envers." Je lui répondis à peu près : Cette méthode peut valoir l'autre... »

*

* *

Quand les applaudissements eurent cessé, le ministre s'approcha de la statue. Il en fit le tour, le menton dans la main, la tête penchée, et dit quelque chose entre ses dents. Se tournant vers les notables, il leur expliqua qu'il ne pouvait malheureusement pas être des leurs au vin d'honneur, devant regagner Paris d'urgence pour déjeuner chez Lasserre avec Jackie Kennedy.

Il se passa alors une chose étrange. Comme Léo Valence se dirigeait vers la D.S. après avoir serré quelques mains, son visage jusque-là sombre et tendu (*sur quoi l'Homme peut-il fonder ses valeurs suprêmes ? serons-nous chez Lasserre à une heuretrente ?*) s'éclaircit. Il obliqua vers le groupe de Martial avec un grand sourire. Le professeur esquissa le geste de qui va recevoir une poignée de main, mais le ministre passa devant lui sans le regarder, et serra chaleureusement celle de M. Kurt en lui disant : « On ne vous voit pas souvent. » Il le prit par l'épaule et l'entraîna un peu à l'écart, laissant Martial encadré avec discrétion et précision par les deux motards.

Martial tira sa montre de sa poche et la remonta violemment, épousseta la manche de son blazer, déplia son mouchoir et le replia dans l'autre sens, voulut remonter sa montre qui cette fois cria grâce, tout en se demandant quelle observation du chauffeur pouvait bien appeler la réplique de Léo Valence : « Vous avez probablement raison », et quel passé expliquer la familiarité avec laquelle M. Kurt s'enquérait de la santé de Mme Valence.

Quand la D.S. eut disparu dans les nuages, les élèves se groupèrent autour de M. Kurt pour l'interroger. Martial, comme si de rien n'était, alla voir la statue.

*
* *

Gustave Flaubert était représenté debout, en robe de chambre, avec l'air abattu de quatre heures de l'après-midi, six lignes en trois jours. Une frise courait autour du socle. Sur le devant, on voyait dans un médaillon Maxime Du Camp et Louis Bouilhet dissuadant Faubert de publier *La Tentation de saint Antoine* (*classique en ballottage*, avait dit Léo Valence). De part et d'autre, une suite de scènes et de tableaux illustrait l'histoire de la littérature de fiction. Il y avait d'abord les Muses faisant voir le bouclier d'Achille à Homère. Puis Virgile, réticent. Il trouvait que le bouclier d'Achille, c'est un peu les Actualités Gaumont : l'arrivée du Tour de France, le Salon de l'Agriculture, les noces du Prince de Monaco, les Débutantes au bal des Maîtres Fous. Et sur le bouclier d'Énée, il mettait Tite-Live. Alors commençait la littérature pour laquelle la littérature existe. L'auteur suppose que le lecteur a lu Tite-Live, ou qu'il sache, s'il ne l'a pas lu (car cela n'est jamais obligatoire, rassurez-vous), qu'on fait comme s'il l'avait lu. À l'autre extrémité, la frise se terminait par un groupe qui posait pour une photographie devant le numéro 7, rue Bernard Palissy, siège des Éditions de Minuit. Ceux-là écrivaient des livres sans alibi, sans épaisseur et sans profondeur, où il était question de choses sans hérédité, sans liaisons et sans références. C'est du moins ce qu'ils laissaient dire, avec un demi-sourire que l'artiste avait habilement rendu. Leur devise était : *Ici rien de tel.*

« Remarquable », commenta Martial en faisant trois pas en arrière.

« Mais qu'est-ce qui m'a fichu un machin pareil ? » avait dit Léo Valence entre ses dents.

VI

RADIOSCOPIE ?

« *La nef se mirait dans les bénitiers pleins*, la description étant généralement traitée par Flaubert, a dit Proust, comme une action dont les protagonistes sont les choses (la colline s'abaissa, etc.), virgule, *avec le commencement des ogives et quelques portions de vitrail*, avec l'ébauche d'un point de vue et le fantôme d'un observateur indéfini... ». Avant de quitter Rouen, Martial avait voulu voir la cathédrale, décor d'une scène de *Madame Bovary*. « *De temps à autre, au fond, un sacristain passait...*

— Ne voudriez-vous pas parler moins fort ? dit le sacristain qui passait, vous êtes dans une église.

— En *faisant devant l'autel l'oblique génuflexion des dévots pressés*, poursuivit Martial à voix basse, cela n'est pas aussi fort, et ce sont ces phrases-là qui faisaient dire à Proust que dans *Madame Bovary* Flaubert n'était pas encore tout à fait Flaubert. *Les lustres de cristal pendaient immobiles…*

—Regardez, chuchota Nemours en désignant un bossu qui venait d'entrer par une porte latérale et qui passait devant eux en regardant Martial de biais.

—Étonnant, dit le professeur, le nez tétraèdre, la bouche en fer à cheval, les dents ébréchées, un œil obstrué d'un sourcil roux en broussailles, l'autre disparaissant entièrement sous une énorme verrue, tout y est : Quasimodo.

—Non, dit Nemours, Blatre. Ou Pallu. » Le bossu s'agenouilla dans une chapelle. Martial haussa les épaules et poursuivit : « … *et des chapelles latérales, des parties sombres de l'église, il s'échappait quelquefois comme des exhalaisons de soupirs, avec le son d'une grille qui retombait, en répercutant son écho sous les hautes voûtes…* », et un bruit de machine à sous, mise en échec, provenant de la chapelle latérale où le bossu était en prières, répercuta son écho sous les hautes voûtes. Le bossu se signa et passa dans la chapelle voisine. Martial commença à avoir des doutes. Prudemment, il rassembla ses élèves et se dirigea vers une porte. Un ecclésiastique s'y tenait, à contre-jour. De nouveau, le bruit de machine à sous résonna dans la cathédrale. Le prêtre se retourna, et Frédéric, béant, reconnut Sénécal. Non : et Martial, béant, reconnut Bordheuil, mais ce n'est plus un alexandrin. « Vous ? Je vous avais pris pour un ecclésiastique.

—Quelle idée ! Vous ne me flattez pas. Ou bien l'abbé Carlos Herrera, oui, peut-être, dit Bordheuil. Monsieur Blatre, avez-vous achevé vos dévotions ? »

*
* *

M. Kurt avança l'autocar. « Je vous ai vu ce matin, quand Léo Valence prononçait le discours, dit Bordheuil à son collègue. Mais je n'ai pas pu vous parler, j'étais avec les officiels. » Avec les officiels, se dit Martial, et pourquoi pas ? Si M. Kurt en est à demander à Léo Valence des nouvelles de sa femme, Bordheuil peut bien être avec les officiels, il n'y a rien de choquant à cela. « Oui, je sais, dit Bordheuil, Léo Valence, politiquement… Mais c'est un excellent écrivain animalier. » Martial ouvrit la bouche, la referma aussitôt, à quoi bon ? « Que sont devenus vos élèves ? demanda-t-il pour dire quelque chose.

— Je les ai laissés avec l'autocar, sur un terrain vague, au bord de la Seine. Quartier libre aujourd'hui. Ils ont passé deux nuits sur la route, un voyage imprévu à Calais. Une fantaisie, dit-il en souriant, une aventure. J'ai même été tenté de nous embarquer pour l'Angleterre, mais on m'aurait refoulé à Douvres. Je n'ai pas de passeport en ce moment. » Probablement sous le coup d'une interdiction de quitter le territoire, se dit Martial.

Bordheuil se pencha sur l'épaule de M. Kurt, qui étudiait la carte. « Ah, vous avez marqué la maison de Corneille, ce grand homme. Je vais avec vous.

— Nous l'avons vue ce matin », mentit Martial avec fermeté, ce train est complet, nous n'avons plus d'huîtres, Mademoiselle Tania est occupée, on vous écrira.

*
* *

Bordheuil obtint cependant qu'on les conduirait, lui et Blatre, jusqu'au terrain vague où il avait laissé sa classe. « Quelle ruine ! » dit-il en montant dans l'autocar Ford.

C'est sans ironie qu'il avait dit *ce grand homme*. À sa manière, il appréciait les pièces politiques de Corneille et savait par cœur les discours des conseillers prudents et des courtisans dévoués de *Pulchérie*, *Othon* ou *Pompée*.

BORDHEUIL [style Comédie-Française]

Seigneur, quand par le fer les choses sont vidées,

La Justice et le Droit sont de vaines idées.

PÈRE UBU [style boulevard]

Où avais-je la tête ?

BORDHEUIL [Comédie-Française]

La Justice n'est pas une vertu d'État.

PÈRE UBU

Eh merdre ! Cela se saurait.

BORDHEUIL [toujours de même]

Le droit des Rois consiste à ne rien épargner.

La timide équité détruit l'art de régner.

MME DE MAINTENON

Entendez-vous, Sire ?

BORDHEUIL

Quand on craint d'être injuste on a toujours à craindre,
Et qui veut tout pouvoir doit oser tout enfreindre.

SAINT-FOND

Que te disais-je, Juliette ?

BORDHEUIL [de plus en plus exalté]

Qui punit le vaincu ne craint point le vainqueur.

TALLEYRAND [voix de Sacha Guitry]

Eh diable ! On aurait bien tort de se gêner…

*

* *

« C'est là où vous voyez de la fumée, dit Bordheuil. Êtes-vous pressés ?

— Très », dit Martial. Les élèves saluèrent d'une ovation le retour de leur maître. L'air était chargé d'effluves de viande boucanée. « Cochon de lait », dit Bordheuil.

*

* *

L'AUTEUR [voix de Sacha Guitry]

Raoul Bordheuil, voulez-vous bien que je noircisse encore votre caractère moral pour l'amusement du lecteur ?

BORDHEUIL

Mais comment donc, Maître !

L'AUTEUR

J'en étais sûr.

*

* *

M. Kurt versait de l'eau dans le radiateur de son autocar. Bordheuil, qui le regardait faire, remarqua l'image de la madone fixée au rétroviseur et fit le signe de la croix avec un air de grande dévotion. « Très bien, très bien, dit-il. Je vous croyais plutôt… enfin, je ne crois pas me tromper… Et cette image ne vous gêne pas ? » M. Kurt répondit qu'il n'avait pas de querelle avec la Sainte Vierge; qu'avant de s'en prendre à la Sainte Vierge et aux saints, il y aurait à s'en prendre à beaucoup d'autres; qu'actuellement la paix, la justice et la démocratie ne lui semblaient pas menacées par la Sainte Vierge. « Comme vous avez raison, » dit Bordheuil, en faisant disparaître avec son mouchoir une petite éclaboussure sur la carrosserie de l'autocar Mercedes. « Savez-vous que c'est moi qui conduis à présent ?

— Qu'avez-vous fait de mon collègue ?

— Abandonné sur une île déserte avec de l'eau et des biscuits pour trois jours. Il me donnait sur les nerfs. Si vous voulez faire un tour de piste, proposa-t-il. Deux cents chevaux, freins à disque, cinq vitesses, douze canons d'abordage… et même la radio ! » Clic.

Da da dam pam, da da dam pam, da da dam... Radioscopie... piou dou dou doudou pou, piou dou dou doudou pou... Radioscopie... ? Léo Valence... Jacques Chancel... , da da da da dam, da da da da dam... Monsieur le ministre, chez vous la pensée a toujours conduit à l'action, et l'action a nourri la pensée. Vous avez rencontré l'Histoire et vous êtes un personnage de légende. Vous avez pris tous les risques, la guerre d'Espagne, la Résistance, la brigade Alsace-Lorraine. Léo Valence, auriez-vous pu vous trouver de l'autre côté ?... Gustave Flaubert, vous avez la Légion d'honneur... que vous ne portez pas... Pierre Corneille, d'où vient votre agacement au seul rappel du nom de Racine, que j'ai eu grand plaisir à accueillir ici même ?... Alfred Jarry, votre personnage Ubu devient un modèle pour tous les hommes d'État. Aviez-vous prévu pareil succès ?... Chrétien de Troyes, votre vie privée est presque aussi mystérieuse que celle d'Howard Hughes... Donatien Alphonse François de Sade, vous portez un nom célèbre, trop éclairé sans doute par l'actualité. Vous avez fait la Une des journaux...

Marie de Rabutin-Chantal, comment dois-je vous appeler ? Madame la Marquise, Madame de Sévigné, Marie ? Appelez-moi maman, j'y serai sensible... Claude Martial, depuis des années vous êtes fidèle à vous-même et à une certaine idée que nous nous faisons de vous... Raoul Bordheuil, quel avenir souhaitez-vous à vos élèves ? Leur avenir, cher Jacques Chancel, je ne le souhaite pas, je le détermine. De mes élèves je ferai des hommes : des agents de change, des préfets de police, des trafiquants d'armes, des négriers, des empoisonneurs de puits, des avocats d'affaires. Ils iront loin... Da da dam, da da dam..., da da pam, da da dam...

*

* *

Deux sièges de l'autocar Mercedes avaient été démontés et posés sous un platane. Pallu, tel Ganymède, s'avança présentant une dame-jeanne de vin rouge de pays. Martial, avec la simplicité et la bonhomie qui l'avaient toujours caractérisé dans de semblables conjonctures, ne déclina pas. Il remarqua que Ganymède n'offrait pas de vin à son collègue. Comme tous les aliénés, Bordheuil était sobre. « L'enseignement est un sacerdoce, dit l'abstinent avec gravité. J'aurais pu faire tout autre chose et finir millionnaire à Nice, Monte-Carlo ou, au pire, Montevideo, vous le savez bien, vous qui me connaissez depuis si longtemps. Mais la vocation l'a emporté. Enrichissez-vous, *sic itur ad astra*, ont dit Guizot et Virgile. J'ai choisi de propager ces belles paroles plutôt que de les mettre en œuvre. Je suis un apôtre... Pardonnez-moi, cher ami : nous sommes des apôtres. » Martial but un horrifique trait de vin rouge de pays et acquiesça. « Je ne regrette rien, poursuivit Bordheuil d'un ton attendri en regardant ses élèves qui avaient arrangé une partie de pugilat. Votre matériau est probablement plus ingrat que le mien. Depuis que j'exerce dans des établissements privés, je n'ai que des satisfactions.

— Vous avez été exclu de l'Éducation Nationale ? demanda Martial.

— Exclu..., dit Bordheuil, l'expression est forte. Il y a eu un malentendu. Nul n'est à l'abri d'un malentendu », ajouta-t-il en regardant son collègue droit dans les yeux. Les élèves de Martial, groupés autour du platane, ne perdaient rien des propos de Bordheuil. Celui-ci promena son regard sur eux. « Les vôtres ne sont pas des aigles, n'est-ce pas ? Ils n'iront pas aux premiers emplois.

— Ah ? Moi qui croyais justement... », dit Cottin.

*

* *

Bordheuil s'absenta un moment. Il revint, tenant à la main une brochure ronéotypée. « Me ferez-vous l'honneur d'accepter ce très modeste présent ? » C'était un cours, composé par lui-même en captivité après la libération, et illustré par l'auteur, périodiquement mis à jour, qui remplaçait dans son enseignement le manuel ordinaire de Destrées et Gouyon. «Je vous remercie infiniment», dit Martial. Il ouvrit la brochure. Il y avait en exergue cet avertissement: *"Lycurgue, dans la vue de donner à ses citoyens de l'adresse, de la ruse, et de l'activité, voulut qu'on exerçât les enfants au larcin, et qu'on fouettât rudement ceux qui s'y laisseront surprendre." Montesquieu,* Esprit des lois. «Je considère que notre mission pédagogique va bien au-delà du simple enseignement de la littérature, expliqua Bordheuil. Elle est d'abord morale.» Martial dit qu'il lirait ce cours avec un grand intérêt, et qu'il ne doutait pas qu'il en tirerait profit pour son propre enseignement. Bordheuil parut flatté. Pour l'heure, Martial se borna à regarder les illustrations. Elles représentaient les bustes de Montaigne, Voltaire, Léo Valence et autres. La dernière, un peu plus grande, était un buste de Bordheuil lui-même, jeune, mais très reconnaissable à son air de suffisance. Au-dessous des images, il avait inscrit les devises des personnages figurés. Certaines étaient authentiques, Montaigne: *Que says-je ?* Marguerite de Navarre: *Non inferiora secutus*, Voltaire: *Écrasez l'infâme*, mais la plupart étaient de son cru. Il y avait: Balzac: *10000 francs avant le 15.* Pascal: *J'ai déjà donné.* Bossuet: *Comment était l'acoustique ?* Mme de Sévigné: *Je l'ai déjà dit ?* et Mme de Grignan: *Moi, j'en ai pas de vieille mère ?* George Sand: *I've seen my brother shave.* Raoul Bordheuil: *Tout le monde le fait.*

*

* *

«Et ils réussissent au baccalauréat? demanda Martial.

—Mon dieu, à peu près comme les vôtres, j'imagine.

—Comment faites-vous? Vos méthodes sont assez éloignées du bachotage, je crois.

—Je me tiens enfermé aux toilettes. C'est 750 francs. Vous m'imaginez, assis sur le trône avec mon écritoire sur les genoux... Ce sont des journées éprouvantes, croyez-moi. Il faut éviter les répétitions. Enfin, comme nous le disions tout à l'heure, l'enseignement est un sacerdoce, versez, Monsieur Pallu.»

*

* *

«Érasme rapporte, dit Bordheuil, et se tournant vers Martial: ils savent qui est Érasme?

—Oui, dit Martial, ils le savent.

—Erasme rapporte que les écoliers de son collège étaient astreints à des abstinences, des veilles, des travaux si pénibles que nombre de jeunes gens sur lesquels on fondait les plus grandes espérances, mouraient ou devenaient aveugles, fous ou lépreux pendant leur première année d'études. Eh bien Messieurs (dit le Vieux de la Montagne en désignant ses élèves qui se repaissaient de viande de porc grillée), pas chez moi.»

*

* *

« Paris me manque, dit Bordheuil d'un ton mélancolique. Saint-Germain-des-Prés. Vous rappelez-vous ce bal costumé à La Rose Rouge, peu après la guerre, où le jeune Gégauff (qu'est-il devenu ? il promettait beaucoup) s'était produit en uniforme de la Wehrmacht ? Expulsé illico. Le lendemain, des photos en deuxième page de France Dimanche où l'on nous voyait, vous et moi, hilares dans l'assistance, avec un commentaire incitant au meurtre, de France Roche qui faisait le carnet mondain de cette feuille.

— Je n'y étais pas, vous vous trompez. Je n'ai jamais été à La Rose Rouge, je ne sais même pas ce que c'est, ni qui est France Roche. [Qui que ce fût, Martial en approuvait aveuglément les incitations au meurtre.]

— Mais si, vous étiez costumé en clown blanc.

— Il est évident que vous me confondez avec un autre.

— C'est possible, tout cela est si loin, admit Bordheuil en se passant la main sur les yeux. Ce devait être Tissier. »

Il y eut un temps où, de Montparnasse à Saint-Germain-des-Prés, on n'eût arrangé un bal costumé auquel Bordheuil ne fût convié. On le vit en fou Triboulet, en diseuse de bonne aventure, en Polyphème aveuglé, en sénéchal félon, en djinn sortant de sa lampe, en tourière des Carmélites, en neveu du pape, en Chose d'un autre monde, en policier en civil.

*

* *

Plus tard. Martial et Cottin urinaient symétriquement contre deux pommiers dans un coin du terrain vague. « Dites-moi, Cottin, M. Kurt vous a-t-il donné une explication satisfaisante de ses rapports avec Léo Valence, ce matin ?

— Monsieur, il a seulement dit que c'est de l'histoire ancienne. »

*

* *

Encore plus tard. Martial consulta sa montre et fit mine de vouloir se lever de son siège. Où Bordheuil avait-il déjà vu cette montre ?

*

* *

Beaucoup plus tard. La nuit tombait, ils avaient fini de manger, les dernières braises rougeoyaient dans les cendres du foyer, c'était l'heure où Ulysse contait ses errances aux Phéaciens et où Don Quichotte évoquait l'âge d'or dans le désert de la Sierra Morena. Pallu versa encore une fois et regarda Bordheuil, je crois que ça y est. Alors, Martial se redressa sur son siège et annonça : « Et maintenant, je vais vous raconter l'histoire de la Matrone d'Éphèse. »

*
* *

À la même heure, à l'Élysée. Le Général, finissant une réussite, à Mme de Gaulle : « Il était en forme, aujourd'hui, Valence. Pour le cinquantenaire de la mort de Péguy, j'avais pensé à lui, bien entendu, pour le discours. Il s'était récusé. Péguy n'était pas son homme. Soit. J'avais envoyé Peyrefitte à sa place. Ah ! Ah ! Ah ! Là, je crois qu'il a craint que je ne récidive. »

*
* *

Versailles, à La Lanterne. Léo Valence, le menton dans une main jamais en repos, l'autre tenant fermement un verre de Margaux : « Mon cher Orsani, vous savez tout cela aussi bien que moi. À son retour d'Orient, 1851, il songe à écrire une histoire d'adultère et de suicide d'après un fait-divers de sa province, l'affaire Delamare. Bien. Le 19 septembre, il s'y met et il écrit quoi ? La casquette de Charles Bovary, *ovoïde et renflée de baleines, elle commençait par trois boudins circulaires*... Un peintre japonais me disait à Nagoya :

« Votre Flaubert est comme nos peintres de Kakemono qui, quand ils dessinent un oiseau, commencent par le bec.

— Quand vous irez à New York, voyez à la fondation Remson Sturch le fétiche vaudou du Dahomey qui est au deuxième étage (le reste est sans intérêt). Bois, corde, sang et mâchoires humaines. *Puis s'alternaient, séparés par une bande rouge, des losanges de velours et de poil de lapin…* Il y a quelque similitude.

—Mais c'est la même chose ! ! ! Il est troublant que ce fétiche fasse penser à *La Victoire de Samothrace,* les mâchoires humaines comme des ailes retournées.

—Flaubert aurait apprécié ! »

VII

LA VILLE FEMELLE

«… Savez-vous qui m'a prié de vous présenter ses hommages ? … Ah, vous l'avez vu à la télévision… Non, non, toujours le même, nerveux, pressé, aimable. Il écrit des Mémoires… Pardonnez-moi de ne pas vous avoir appelée hier soir, nous sommes arrivés trop tard au collège, et j'ai dû coucher M. Martial… Oui, oui, ce Bordheuil a une mauvaise influence sur lui. Assez drôle, mais un scélérat au fond. Et ses élèves sont effrayants. Je vous ai parlé des imitations auxquelles ils se livrent ? Hier soir, l'un d'eux a fait le Catoblépas, c'est dans Flaubert, paraît-il, une créature avec une tête de porc tombant jusqu'à terre, et rattachée à ses épaules par un cou mince, long et flasque comme un boyau vidé… Aujourd'hui ? Vascœuil, Jules Michelet. »

C'est lui, Monsieur Kurt, qui a dit : *Je définis la Révolution, l'avènement de la Loi, la résurrection du Droit, la réaction de la Justice…* Il a ditaussi : *Après tant de siècles d'arbitraire et de caprice, le temps arrivait où personne n'aurait raison contre la raison…* Et : *Mon livre voulait encore envelopper ceux-ci, les sauvages ou les barbares, abriter ce qui en reste… Tout à l'heure, il sera trop tard. Le travail d'extermination se poursuit…* Et encore : *L'animal, ce serf des serfs… Toute la nature proteste contre la barbarie de l'homme qui méconnaît, avilit, qui torture son frère inférieur…* On a dit que ses convictions étaient typiquement, et ni plus ni moins, celles d'un petit-bourgeois libéral vers 1840. Non, camarade. Les deux dernières citations qu'on vient de donner montrent un esprit qui dépasse un peu sa classe et son siècle.

Le petit-bourgeois Michelet ne se laissait pas intimider par les grands personnages, grands à un titre ou à un autre. Goethe, *courtisan assidu de l'opinion, qui l'exprima fidèlement, ne la devança jamais…* (Goethe se lève et se met à la fenêtre. Son visage s'assombrit. Le conseiller aulique Meyer, le conseiller d'État Schmidt, le conseiller privé Strockfuss s'éclipsent, suivis de Mme Goethe, de Mlle Ulrike et du petit Walter. Le baromètre plonge. Eckermann, resté seul avec le grand poète, ne peut comprendre qu'un homme d'une valeur insigne comme l'est M. Michelet semble parfois manquer à tel point de jugement en certaines choses essentielles…) Robespierre, qui *avait l'air à la tribune d'un triste bâtard de Rousseau, conçu dans un mauvais jour*. (Voltaire appelait Rousseau lui-même bâtard du chien de Diogène. Étrange généalogie.) Sade, l'auteur de *Français, encore un effort si vous voulez être républicains*, secrétaire de la Section des Piques : *la justice rentrant en ce monde, le premier essai de la guillotine lui appartenait de droit*. No sense of humour.

*

* *

Martial regrettait que Michelet n'eût pas apprécié Sade, deux hommes que tant de choses auraient dû rapprocher, la véhémence, l'imagination, l'anticléricalisme. Dans le détail, ils n'étaient cependant d'accord sur rien. Querelle d'érotomanes. Sur le pré à l'aube. Allons, Messieurs, il est encore temps. Embrassez-vous.

*

* *

Bordheuil s'approcha de la bibliothèque, prit un livre au hasard, l'ouvrit et lut à haute voix : *Depuis le 2 décembre, le grand flot des romans qui nous ont envahis, bien autrement fangeux, est dominé surtout par l'idée d'aventures, de bonheur improbable, de loterie grossière, l'idée californienne de gros lot et de lingot d'or. Toujours la foi aveugle au miracle, au hasard, au coup d'État du sort, qui dispense d'effort, de travail, de persévérance.*

« Excellent présage, dit-il, misez tout sur Throwaway. J'ai toujours été heureux aux sorts virgiliens. Ce n'est pas mal, cette formule, *le coup d'État du sort*. Mais sur le Roman et ses dangers, Michelet n'a rien inventé. »

— Les dangers du Roman, c'est une vieille histoire, non ?

— En effet, cher Jacques Chancel. Nous lisons dans une Vie des Pères du XIIe siècle que les romans sont

Mençonge qui cuers oscure
Et corrumpent la clarté d'ame.

On a accusé les romans d'être la source de tous les maux...

— C'était avant la télévision...

— ... d'avoir rendu fous Don Quichotte et Jean-Jacques Rousseau, d'avoir inspiré la mode des duels, d'avoir affaibli la piété, éteint la foi, corrompu les mœurs, inspiré des passions déréglées, porté atteinte au moral des armées, encouragé le libertinage des classes élevées, l'ambition des classes populaires, l'émancipation des femmes...

— Est-ce que vous n'exagérez pas un peu ? On ne l'a certainement pas dit du Télémaque, *ouvrage du très moral archevêque de Cambrai, que j'ai eu grand plaisir à accueillir ici même.*

— Détrompez-vous, cher Jacques Chancel. On a comparé ce chef-d'œuvre, écrit pour l'instruction du Duc de

Bourgogne et du genre humain, à la coupe de vin empoisonné de la Prostituée de Babylone…

« À soixante ans passés, dit Martial, on ne sait pourquoi Michelet commença à écrire un roman, *Sylvine, Mémoires d'une femme de chambre*, vite abandonné. Mais il y a du roman dans son Histoire.

— Eh bien, mon cher, ce n'est pas toujours très original, ce que vous dites. On croirait entendre Goethe. Évidemment, il y a du roman, et non seulement du roman historique, mais du roman gothique, Avignon, *palais monstre qui couvre toute la croupe d'une montagne de ses tours obscènes, lieux de volupté, de torture*, les caves du Vatican, *vastes et souterraines prisons, pleines de supplices et de trophées, labyrinthes infernaux, escaliers sans fin*, les catacombes minées en 89, pour confondre les vivants avec les morts dans *le pêle-mêle des chairs palpitantes, des cadavres et des ossements*. Du roman idyllique dans l'*Histoire de la Révolution, un cœur de femme, faible et charmant, tenait comme enfermé ce cœur de lion de Vergniaud*, Danton et son Antoinette, Condorcet et sa Sophie, Camille Desmoulins et sa Lucile, Fauvet et sa Lodoïska, Marat même, Marat enterré vivant dans sa cave, trouve une maîtresse qui *préfère à tout d'être au fond de la terre, la servante de Marat*, et Louis XVI subit *la servitude où sa nature matérielle le liait près de sa femme*, à chacun sa chacune… Sauf un. Robespierre. Là non ! Citoyens, la motion est rejetée. »

Tout en parlant, Bordheuil parcourait les pièces du château, suivi par les élèves de Martial (les siens s'étaient dispersés dans le parc), s'asseyant dans le fauteuil de l'historien, essayant ses plumes, souriant angéliquement au portrait lugubre de Mme Dumesnil. Martial était sorti depuis longtemps. « On n'y tient plus », avait-il dit à M. Kurt qui attendait dans l'autocar.

*

* *

Le silence était absolu. Fabrice retenait son souffle. Léo Valence attendait que la sentinelle ait fait demi-tour. Martial monta le dernier. M. Kurt desserra le frein et l'autocar se mit peu à peu en mouvement sur la pente. Après le deuxième virage, M. Kurt mit le moteur en marche.

Il n'y a qu'un moment pour chaque chose, a dit Michelet. *Ici c'était le 26 juin, pas plus tôt, pas plus tard.* Peu après midi, à la fin d'un pique-nique sur les hauteurs des Andelys, tandis que Bordheuil et les siens, abrutis par le soleil et la digestion, sommeillaient sur l'herbe.

Je tire ma révérence…

Marie-Antoinette et le dauphin étaient assis au fond. Vis-à-vis d'eux, Louis XVI déguisé en valet, habit gris, petite perruque. Et si on me le demande, je dirai que j'allais inspecter les armées de l'Est.

C'est l'histoire du faux Martial qui avait déterminé la fuite du vrai. Nemours s'était assis à côté du professeur dans l'autocar et lui avait dit, de l'air sérieux dont il ne se départait jamais : « Monsieur, il y a quelque chose qu'il serait bon que vous sachiez. Je vous ai vu sortir ce matin à huit heures du bureau de tabac qui est en face de la gare avec Le Figaro sous le bras.

— Eh bien ?

— Eh bien, voyez-vous Monsieur, Cottin vous a vu sortir du même bureau de tabac à huit heures quinze avec, sous le bras, L'Équipe et Paris-Turf.

— ???

— Non, bien sûr, ce n'était pas vous. Il faut donc admettre qu'un mauvais plaisant, (Blatre ? Pallu ? Rehbach ?) a mis au point une imitation de vous assez passable pour tromper Cottin et sans doute d'autres. Blatre vous a longuement observé hier soir… Vous comprenez en quoi cela est une source de gêne pour vos élèves, qui ne peuvent plus savoir, à un moment donné, s'ils ont affaire à l'authentique M. Martial ou à un faux. » Martial n'était pas homme à s'accommoder d'un *Doppelgänger*.

*
* *

Près de Rueil, Martial désigna à gauche la cime indéterminée d'une forêt. « La Malmaison. Napoléon. Joséphine de Beauharnais.

— Oui, j'en descends, dit Saint-Rouf.

— D'où ?

— Pas d'où, de qui. De Joséphine, du prince Eugène.

— Ah ! très bien, dit Martial, très bien. » Après un moment de silence respectueux : « On a dit que Chateaubriand aurait voulu être Napoléon et que Napoléon aurait voulu être Chateaubriand. La deuxième proposition est suspecte. Ce qui est avéré, c'est que les goûts littéraires de l'Empereur n'étaient pas absolument mauvais, les tragédies de Voltaire non, celles de Racine certaines, celles de Corneille toutes. Il lisait des romans. On l'en dégoûta à Sainte-Hélène. À son arrivée, Longwood n'étant pas prêt, il fut logé dans un pavillon, dépendance de la demeure d'un négociant de l'île, un Mr. Malcolm.

— Balcombe, rectifia Nemours.

— Balcombe. Le soir, il fit une visite de courtoisie à ce négociant. On parla de romans, singulièrement de *Mathilde* de Mme Cottin, alors placé très haut par le public. Un Anglais qui était là demanda avec émotion à l'Empereur si la princesse, amie de Mathilde, dont il admirait particulièrement l'excellent caractère, vivait toujours. L'action de *Mathilde* est au temps des croisades. Napoléon était incertain : se moquait-on de luiou était-on sot ? Il dit avec solennité et d'une voix caverneuse : "Non, Monsieur, elle est morte et enterrée." L'Anglais fondit en larmes. Cela commençait mal. La suite est connue. »

*

* *

Les hauteurs de Meudon offrent une belle vue. Après le dîner, Martial ouvrit une fenêtre sur Paris. L'idée de dormir si près de cette ville sans y aller et de prendre demain matin la direction opposée lui procurait un plaisir un peu pervers. Il dormirait la fenêtre ouverte, *savourant ce bon air de Paris qui semble contenir des effluves amoureux* (il était bien tard pour lui) *et des émanations intellectuelles* (jamais assez).

Il déclara : « L'an prochain, nous irons à Paris. Par le chemin de fer, pas en autocar, pour éviter les rencontres fâcheuses. En wagon plombé. Comme Lénine, M. Kurt.

— Hein ? » Il n'était pas tout à fait sûr que Bordheuil eût seulement voulu plaisanter quand il avait dit que des menaces le tenaient éloigné de la capitale. Quoi qu'il en soit, Martial voyageait plus volontiers par le chemin de fer qu'en autocar. C'est ainsi qu'il avait eu une fois, sur un quai de gare, l'occasion d'apercevoir dans l'autorail présidentiel le général de Gaulle. Une ménagère, avancez, vénérable Catherine-Nicaise-Élisabeth Leroux, parmi les badauds se tenant sur la pointe du pied, demandait : « Où qu'elle est sa dame ? Où qu'elle est sa dame ? »

« Bonne nuit, Messieurs. » Avant de monter à sa chambre, il ouvrit son sac de voyage, en tira la brochure de son collègue et la jeta à Vidal. « Faites voir cela à votre père. Cela devrait intéresser un aliéniste. »

Les derniers rayons du soleil couchant faisaient briller les coupoles et les verrières, le Panthéon, les Invalides, le Grand Palais, l'Institut.

Paris a fait de grandes fautes, a dit Michelet; *elles sont présentes à ma mémoire. Eh bien, avec toutes ses fautes, quand je songe à tout ce qu'il a fait pour les libertés de l'espèce humaine, il me prend envie de baiser les pierres de ses monuments et les pavés de ses rues.* Un auteur éminent du XXe siècle a dit quelque chose d'assez différent: *Au fond, je n'aime pas, je n'ai jamais aimé, cette ville femelle qui prétend exiger si impérieusement qu'on l'aime et dont l'effervescence tient surtout de la mousse de champagne, symbole pour moi de ce qu'il y a de pire dans le faire-accroire racoleur du caractère français...*

Monsieur Michelet, une coupe de champagne?

—Bien volontiers, nous boirons à la ville femelle.

*

* *

Le palais de Chaillot aussi était visible. Léo Valence, ministre d'État chargé des Affaires culturelles, y avait installé la Cinémathèque française et au même moment, dans une salle de projection souterraine, aux murs percés d'alvéoles décoratifs dans l'esprit de l'architecte, qui faisaient le désespoir de la femme de ménage Catherine-Nicaise-Élisabeth Leroux, avec à côté de l'écran une mystérieuse porte en retrait dans la cloison qu'on n'avait jamais vue que close donnant accès, on le supposait, à ce qui serait la chambre funéraire du maître des lieux que découvrirait un Lord Carnavon du IVe millénaire, s'adressant à une assistance de jeunes gens, la plupart coiffés à la manière des Beatles, abondance ordonnée, quelques-uns aux premiers rangs anticipant l'anarchie capillaire, encore contrôlée ici, de Woodstock, le maître des lieux, cher Henri Langlois ni ordonné ni contrôlé, le nœud de cravate oblique, vêtu du costume avec lequel, disait-on, il avait l'air d'avoir dormi, chaussé de pantoufles à carreaux, la goutte, disait d'un ton péremptoire : « Qu'est-ce que la projection d'un film ? Mêler les ombres des morts à celles des vivants. »

*
* *

Martial, dans son lit, se demandait comment Bordheuil avait pris la chose. Déesse, chante-nous la colère de Bordheuil… « À sa place, j'aurais emprunté l'autre autocar », avait seulement dit ce héros, avec un éclat de rire homérique.

VIII

LA LANCIA BLEUE

Martial n'avait été que médiocrement vexé par l'affaire de la montre volée. Presque une aventure de galanterie. Rien de ce qui lui arrivait sous l'influence de Vénus ne pouvait vraiment le fâcher. C'était le meilleur côté de sa nature. Il n'avait pas non plus été durablement mortifié par la nuit passée dans la forêt de Brocéliande. Le lieu et les circonstances avaient quelque chose de romanesque (il y a toujours une tempête dans les anciens romans) à quoi il n'avait pas été insensible. Mais la mauvaise compagnie de ces derniers jours avait dangereusement ébranlé l'équilibre classique de sa disposition d'esprit. Il comptait sur une matinée à Versailles, qui ne les détournerait pas de la route d'Illiers, pour le raffermir en parcourant les jardins de Le Nôtre et les galeries de Mansart.

*
* *

« Versailles ? Pour des raisons militaires, Saint-Rouf. *Caserne derrière une façade de casino*, a dit Léo Valence, non sans injustice pour Mansart. Paris ne valait rien aux Bourbons. Anne d'Autriche s'enfuit à deux reprises de la capitale avec le petit roi, pendant la Fronde, dans la vue de revenir avec des troupes si besoin était. Le Parlement lui envoya des députés pour lui faire des remontrances. Elle leur dit *qu'elle en était fort surprise et fort étonnée, que le Roi avait accoutumé, tous les ans, de prendre l'air en cette saison, et que sa santé lui était plus chère qu'une vaine frayeur du peuple*. Raisons de santé. J'aime cette réponse, et Louis XVI qui passait par Varennes sans la moindre intention de quitter le royaume, jamais de la vie, vous pensez bien. Ces Bourbons sont étonnants. »

*
* *

Radioscopie ? Louis XIV. Jacques Chancel… Sire, roi presque en naissant, à la mort du cardinal Mazarin vous choisissez de gouverner par vous-même et depuis lors votre choix seul distribue états et dignités, en toutes choses vous consultez et résolvez seul, vous écoutez, vous dites je verrai*, et seul vous décidez. Vos discours les plus communs ne sont jamais dépourvus d'une naturelle et sensible majesté, à quoi la rareté et la brièveté de vos* *paroles ajoutent beaucoup. Aujourd'hui, vous êtes l'arbitre de l'Europe. Votre autorité dans le royaume est sans bornes, vous avez domestiqué la noblesse. Vous avez inventé le justaucorps à brevet, bleu doublé de rouge, en nombre limité. Alors, Sire, est-ce que vous vous prenez au sérieux ?*

*
* *

Il n'est pas possible de discerner ce qui était de lui ou emprunté, dit Saint-Simon, et encore *maître de ses mouvements et de sa langue. Maître de son secret*, dit un autre. Ceux qui ne voudront pas, comme l'amie d'Albertine, traiter *Sophocle écrit des Enfers à Racine pour le consoler de l'insuccès d'Athalie* (Mon cher ami ? Monsieur ?) feront le monologue intérieur de Louis XIV, et n'oublieront pas que *son esprit, naturellement porté au petit* (qui l'eût dit ?) *se plut en toutes sortes de détails.*

*
* *

Martial voulut faire voir à ses élèves l'Hôtel des Réservoirs où Marcel Proust séjourna quelque temps avant de s'installer boulevard Haussmann. Devant l'hôtel, un couple attendait qu'on eût fixé leurs valises Louis Vuitton au porte-bagages d'un cabriolet bleu ciel. « Lancia Aurelia B24. Modèle 1962, injection directe, série limitée », dit

Prax. La jeune femme était vêtue d'un tailleur rose, Givenchy, collection de printemps 1967. Son compagnon, à peu près du même âge que le professeur, au moins trente ans plus qu'elle, portait un costume de lin crème et des chaussures bicolores. Il avait des traits mous, des joues grasses, de petits yeux de rat avec des cernes noirs, de grosses mains soigneusement manucurées et une dent en or. « Import-export, comptabilité truquée, évasion fiscale, diagnostiqua Martial.

— Un Romain, dit Marcorelle en désignant la plaque minéralogique du cabriolet. *O tempora, o mores !* »

*

* *

La cabine téléphonique posée au milieu du désert de la Beauce, à un carrefour, rappelait à Martial d'autres déserts qu'il avait traversés quand un collège du Far-West jumelé avec son lycée l'avait invité. Il avait loué une Dodge Seneca et couchait dans des motels où il lisait les romans de Faulkner (Bill).

Il finissait son sandwich quand le téléphone se mit à sonner dans la cabine. « C'est pour vous », dit M. Kurt. Martial haussa les épaules. « Si je vous le dis », ajouta M. Kurt, très sérieux. Nemours et Vidal échangèrent un regard. Martial, à tout hasard, alla répondre. En traversant la route sans regarder ni à droite ni à gauche, il sentit un violent courant d'air, entendit un avertisseur à quatre notes et une exclamation de M. Kurt, et ne vit de la Lancia bleu ciel disparaissant dans le lointain qu'une pile de bagages Louis Vuitton depuis 1854.

Il décrocha l'appareil. « Allô ? … Lui-même », put-on lire sur ses lèvres.

Le lecteur se souvient peut-être, dit Stendhal (style de valet de chambre, selon Martial), que la veille, le professeur avait abandonné à Vidal le cours de Bordheuil, en l'invitant à le faire voir à son père. Vidal, d'après les passages qu'il lut avant de s'endormir, jugea que la suggestion de Martial méritait d'être prise au sérieux. Il téléphona à son père le lendemain matin, avant le départ pour Versailles. Nemours, qui était présent, lui souffla quelques additions au portrait de Bordheuil.

Le docteur Vidal appela aussitôt M. Bernier pour l'alerter sur les dangers moraux qu'un certain Bordheuil, une ancienne relation de Martial, faisait courir aux élèves. « J'ai une longue expérience de terrain. J'ai soigné la folie discordante, la folie circulaire, la folie raisonnante, des visionnaires, des assassins, le général Saint-Rouf et même un lycanthrope. Écoutez, proviseur, ce type est complètement barjo. Il ne s'agit pas de mon fils, qui connaît le sujet, et qui peut même tirer profit de l'observation de ce cas. Mais si j'étais à votre place… »

M. Kurt, profitant de la halte pour le déjeuner, avait une fois de plus téléphoné à Mme Kurt. *Quand je vous vois, je suis heureux comme un pourceau qui pisse dans du son*, citait Martial *in petto* en le regardant parler derrière la vitre. Mme Kurt avait demandé à M. Kurt quel était le numéro de la cabine d'où il appelait pour le communiquer à M. Bernier.

Tel un Bourbon maître de sa langue et de son secret, Martial ne donna aucune explication à ses élèves. Le prodige de ce message téléphonique atteignant son destinataire à un carrefour désert de la Beauce impressionna beaucoup Cottin, et augmenta encore l'immense respect qu'il avait toujours eu pour le professeur.

*

* *

Illiers était écrit sur le carré de carton fixé au sac à dos de l'auto-stoppeuse. Martial regarda M. Kurt avec insistance et suavité. Celui-ci leva les yeux vers la madone en hochant la tête et arrêta l'autocar. « Vous permettez que je vous aide à ôter votre sac ? dit Martial. Il est lourd. Que de livres ! Après vous. » Au passage, Nemours demanda : « Voulez-vous que je vous garde votre montre ? » Martial lui jeta un regard mauvais. L'auto-stoppeuse prit place et posa son sac avec brusquerie sur le siège voisin, précisément celui sur lequel Martial avait eu l'intention de s'asseoir. « Vous n'êtes jamais allée à Illiers ? demanda-t-il.

— Jamais.

— Eh bien, je vais tout vous expliquer.

— C’est inutile, je suis une spécialiste de Proust.

— Ah, très bien », dit Martial.

*

* *

La Lancia Aurelia était garée à l’italienne, une roue sur le trottoir, devant un panneau d’interdiction de stationner. « Import-export a aussi des intérêts littéraires, dit Marcorelle.

— Un homme grossier peut fort bien avoir une maîtresse cultivée, fit observer Martial. Mais je ne sais pas pourquoi je vous dis cela.

— Regardez comme ils sont amoureux », dit Nemours. Avec un Leica, la jeune femme immortalisait son compagnon dans des poses variées et complaisantes, dans le petit jardin de l’oncle Amiot. Martial attendit qu’elle eût épuisé la pellicule pour y réunir ses élèves.

« Je vais vous décevoir, dit-il. Proust n’a séjourné à Illiers, pour quelques semaines de vacances, que de 1877 à 1880. Il y est revenu une fois en 1886 pour assister à l’enterrement de sa tante Élisabeth. Il avait quinze ans. Il n’y est jamais revenu.

— Pourquoi ? demanda Cottin.

— Joyce retourna en Irlande pour la dernière fois à trente ans, divagua Martial, Kipling en Inde à vingt-six et Nabokov n’en avait pas vingt quand il fuit la Russie.

— Je vais vous répondre, dit l’auto-stoppeuse à Cottin. Les parents du docteur Proust étaient épiciers. Son beau-frère Amiot, le propriétaire de cette maison, était un riche négociant en vins, riche pour Illiers. Sa femme, Louise Weil, venait d'une famille de financiers, riche pour Paris. Ces séjours à Illiers lui pesaient. C'est le mépris bien connu du grand bourgeois pour le petit.

— Vous êtes bien renseignée, dit Martial.

— Je suis une spécialiste de Proust.

— Oui, vous l'avez déjà dit. Comme tous les spécialistes de Proust, vous contribuez au Bulletin de la Société des Amis de Marcel Proust, je suppose.

— Il n'est pas nécessaire de contribuer à quoi que ce soit, il suffit de savoir lire pour voir que *À la Recherche du temps perdu*, n'est rien d'autre qu'un tableau bien documenté et une dénonciation impitoyable de rapports sociaux absurdes et suicidaires et d'une classe condamnée par l'histoire et par la raison. *Dalla storia e dalla ragione*, traduisit l'Italien en souriant et en battant la mesure du rythme binaire de la phrase.

— Rien d'autre ? demanda Martial.

— Je sais de quoi je parle quand c'est de la bourgeoisie, dit-elle. J'en sors.

— C'est très difficile » , dit Martial. Jamais au cours de ce voyage, l'expression du visage de M. Kurt n'avait été aussi proche de ce qu'on aurait pu prendre pour un sourire.

Le guide accompagna le couple et l'auto-stoppeuse à l'étage. Martial, familier des lieux, conduisit ses élèves à la cuisine. Il leur fit voir la photographie d'Ernestine Gallou, la bonne, un des modèles de Françoise, et l'arrière-cuisine surélevée, *qui avait moins l'air de l'antre de Françoise que d'un petit temple à Vénus.* « Avec Françoise (avec M. de Charlus aussi), vous pouvez vous faire une idée de ce qu'est un personnage profonddans un roman : *on était obligé de se dire qu'il y avait en elle un passé français très ancien, noble et mal compris.* (Vous remarquerez que Proust ne s'interdit pas, dans des passages de prose soutenue, d'introduire des développements très élaborés par des locutions familières et lourdes, *qui avait moins l'air de, on était obligé de se dire que.*) Ailleurs, il dégage une couche plus profonde encore de l'esprit de Françoise, quand il compare son code à l'égard des choses qui peuvent ou ne peuvent pas se faire, à *ces lois antiques qui, à côté de prescriptions féroces comme de massacrer les enfants à la mamelle, défendent avec une délicatesse exagérée de faire bouillir le chevreau dans le lait de sa mère, ou de manger dans un animal le nerf de la cuiss*e, regardez, cela se voit sur la photographie, et qu'elle avait pour les liens du sang *autant de respect qu'un tragique grec*, ce qui nous mène assez loin de la bourgeoisie, petite ou grande, qui occupe tant l'esprit de notre aimable auto-stoppeuse. »

Ils la retrouvèrent, ainsi que le couple à la Lancia, dans ce qui avait été le grenier de la maison, où était présentée une belle exposition de portraits photographiques d'amis et modèles de Proust par Paul Nadar. Bertrand de Salignac-Fénelon, Louis d'Albufera, Armand de Guiche,

Robert de Flers et, plus encore que les autres, Boni de Castellane (de qui on ne peut nier, en effet, qu'il avait ce que l'on appelle une tête à claques), inspirèrent de longues et virulentes diatribes à l'auto-stoppeuse qui était une spécialiste de Proust, jusqu'à ce qu'Import-export lui eût dit : « Madame, puis-je vous faire une demande ?

— Je vous en prie.

— Êtes-vous spécialiste d'autre chose que de Proust ?

— Non, dit-elle.

— Ah, tant mieux ! »

C'était le milieu de l'après-midi, il faisait très chaud. L'Italien s'épongeait le front. Sa compagne voulut ouvrir une fenêtre. Un écriteau l'interdisait. « On doit craindre qu'il n'y ait personne pour la refermer, dit l'Italien en souriant. Vous savez, *cara*, quand on louait *cet art minutieux du détail à quoi on reconnaît immédiatement une phrase de vous*, Proust se récriait : « Mais non, Bunibuls mon cher petit, ma petite Albertine, ma pauvre Céleste, pas du tout, bien au contraire, pas une fois un de mes personnages ne ferme une fenêtre, ne se lave les mains, ne dit une formule de présentation. Toutes ces choses-là m'ennuient. » Professeur, que disait Flaubert sur le même sujet ? *La phrase la plus simple comme « il ferma la porte », « il sortit », etc., exige des ruses d'art incroyables...*, il me semble, dit Martial.

— Bravo, professeur !... Dans *La Métamorphose*, que je vous ai fait lire, si l'on supprime l'ouverture et la fermeture des portes dans l'appartement, Nabokov dit que le livre n'existe plus. Vers la fin d'un autre livre, que je vous ferai peut-être lire, *cara*, écrit dans les mêmes années que *À la recherche du temps perdu* et que les romans de Kafka, poursuivit l'Italien (qui, pour Martial, faisait de moins en moins d'import-export et ne truquait plus du tout sa comptabilité), le personnage principal se lave les mains avec un savon Barrington acheté dans un des premiers chapitres, Lincoln Place, Dublin, fourpence, sir, une bonne affaire pour l'auteur si l'on songe à l'usage qu'il en a fait tout au long du livre. Proust, non, cela l'ennuyait. Pourquoi pas ?

—Et les formules de présentation ? demanda la jeune femme.

—Entendez-le moins de personnage à personnage que de personnage à lecteur. Vous savez : Mme Vauquer, née de Conflans, qui depuis quarante ans, tient à Paris une pension bourgeoise établie rue Neuve-Sainte-Geneviève, entre le Quartier latin et le faubourg Saint-Marceau. Madame, le lecteur balzacien… Catherine-Nicaise-Élisabeth Leroux, de Sassetot-la-Guerrière. Venez, chère Catherine, ne craignez rien, non, non, non…, que je vous présente le lecteur flaubertien… Miss Emma Woodhouse, handsome, clever and rich, with a comfortable home and happy disposition, who has lived twenty-one years in the world with very little to distress or to vex her. Miss Woodhouse, the malicious reader. Beware… Lolita, light of my life, fire of my loins. My sin, my soul. Lo, the intelligent reader. Smile, my pet… Ah, *finalmente…* »

Il sortit sur cela, tenant la jeune femme souriante par la main et faisant un aimable signe de salutation à Martial. Celui-ci chaussa ses lunettes et alla consulter le Livre d'Or. Marcorelle lut à son tour et dit : « Celui-là du moins, M. Kurt ne lui a pas demandé des nouvelles de sa femme.

— Comment ? demanda le chauffeur, en entendant mentionner son nom.

— Orsano Orsani, dit Martial d'un ton rêveur, Orsano Orsani, le poète de *Capitale di vita*, auteur d'un ouvrage d'érudition sur l'École de Carcassonne, traducteur en italien d'Aragon et de Léo Valence, et leur ami, enfin collectionneur réputé. Je crois que je me suis trompé.

— On peut être poète et cependant escroquer le fisc, suggéra Cottin, choqué d'avoir entendu le professeur admettre son erreur.

— Non, absolument pas ! dit Martial. Ou c'est l'un ou c'est l'autre.

— Et cependant, objecta Nemours, Proust nous enseigne que l'œuvre artistique est créée par un moi différent de celui que nous manifestons dans la vie quotidienne.

— Différent ne veut pas dire incompatible, rétorqua Martial. »

Da da dam, da da dam… Orsano Orsani, au fond, de quoi êtes-vous le plus fier ? De vos poèmes, de vos traductions, de vos amis, de votre collection ? De ne jamais avoir raconté ma vie au barman. Da da dam, da da dam…

Il restait à voir les pièces de l'étage. La chambre d'où Élisabeth Amiot, la tante de Marcel, décide un jour de ne plus sortir est évidemment une anticipation de la chambre aux murs tapissés de liège où l'auteur s'enfermera pour écrire *À la recherche du temps perdu*. On admet que c'est en 1909, alors qu'il croyait écrire un essai contre Sainte-Beuve, que Proust a conçu son roman. Martial pensait que cela avait dû se produire dans un temps très bref, peu après le quinze août, peut-être en une nuit. Quand Gregor Samsa s'éveilla un matin d'un rêve troublé, il se trouva transformé dans son lit en un insecte monstrueux. De même l'auteur de *Les Plaisirs et les jours* en celui de *À la recherche du temps perdu*, dans sa chambre aux murs tapissés de liège, peu après le quinze août 1909. Proust prend connaissance de ses trois paires de pattes, agite ses antennes et sonne Céleste avec ses mandibules. « Ma pauvre Céleste, il y a une chose que je dois vous dire : je ne ressortirai jamais plus, le temps me presse trop. Le jour, tout au plus essaierai-je de dormir. Je ne travaillerai que la nuit et il me faudra beaucoup de nuits, peut-être cent, peut-être mille et une, probablement beaucoup plus. Chaque jour, vers quatre heures après midi, mais parfois trois, parfois cinq, ou six, un coup de sonnette vous avertira qu'il est temps de servir le café au lait, la quantité de deux tasses, et un croissant. Pour le café, que vous tiendrez au bain-marie, vous utiliserez les filtres Corcellet, exclusivement (avez-vous observé, Céleste, que Flaubert place toujours les adverbes de la façon à la fois la plus laide, la plus inattendue, la plus lourde, comme pour maçonner ses phrases compactes ?). Vous entrerez par la grande porte qui est près de la fenêtre, dont l'un des battants reste toujours fermé, sauf quand je vous dirai : » Vous viendrez par la petite porte, Céleste. ». Vous préparerez aussi un deuxième croissant sur une soucoupe, que vous servirez si vous entendez encore deux coups de sonnette, mais c'est peu probable. Il pourra arriver que je vous demande de me faire frire une sole ou des éperlans, le soir, mais ce sera rarement, et il ne faudra pas vous offenser si je n'y touche qu'à peine ou pas du tout. J'en userai de même avec les livres. Je vous demanderai *Les Filles du feu* ou *Matière et mémoire*, vous les chercherez dans ma bibliothèque, je m'impatienterai, je vous enverrai l'acheter chez le libraire de la rue de Laborde, et quand vous reviendrez, je ne l'ouvrirai peut-être pas, car cela me ferait perdre du temps. Il y a deux livres qui resteront à portée de ma main sur cette petite table, le dictionnaire et l'Almanach de Gotha, ne souriez pas, Céleste, je suis très sérieux. Chaque individu qui entreprend une œuvre recommence, pour son compte, la tentative artistique ou littéraire, et les œuvres de ses prédécesseurs ne constituent pas, comme dans les sciences, une vérité acquise dont profite celui qui suit.

— En êtes-vous sûr, Monsieur ?

— Je ne suis sûr de rien, ma pauvre Céleste, vous savez bien que je ne suis pas très intelligent… Autre chose, Céleste, vous n'ignorez pas que la substance d'un livre doit être immatérielle et abstraite.

— Sans doute, Monsieur, et cependant…

— Et cependant il arrivera qu'il me faille absolument

avoir un renseignement précis relatif à un usage mondain ou linguistique. Je vous enverrai prier Mme Lemaire ou Ramon Fernandez de venir me trouver sur le champ. Ils n'y feront aucune difficulté. Je vous dirai : « Céleste, vous trouverez Mme Lemaire en négligé. Elle sautera dans le taxi sans prendre le temps de s'arranger, et se passera du rouge pendant la course. » Et vous verrez qu'elle sautera dans le taxi et qu'elle se passera du rouge.

— Vous êtes un magicien, Monsieur.

— Céleste, vous croyez ? »

IX

MEHR LICHT !

Le guide qui faisait visiter la demeure de Buffon avait un bras en écharpe et des ecchymoses au visage. « Pardonnez mon apparence, dit-il. Hier, nous avons eu des visiteurs difficiles avec qui j'ai eu des démêlés.

—Une classe, peut-être, accompagnée par un professeur portant des vêtements sombres et aux cheveux ras ? hasarda Vidal.

—Justement. Ce monsieur s'est permis de parler fort mal de l'auteur de l'*Histoire naturelle*. C'est la première fois que cela arrive.

—Je vois, dit encore Vidal qui avait parcouru le cours de Bordheuil, quelque chose comme : « Buffon, le chantre des ânes et des grenouilles, en imposera-t-il à des hommes tels que vous, qui sont au-dessus de tous les préjugés ? *Un beau style*, a-t-il dit, *n'est tel en effet que par le nombre infini de vérités qu'il présente.* Non, Messieurs, ces fadaises ne sont faites que pour nos mépris. D'après nos principes, le beau style est celui de la calomnie, du dénigrement systématique et de l'argument ad hominem. Osons le dire et le redire sans cesse, la bonne littérature prospère dans le mensonge et le scandale ».

— Oui, dit le guide. Je ne me rappelle pas exactement mais c'était de ce ton-là. Je l'ai prié d'en changer. Il a fait comme s'il ne m'entendait pas et a poursuivi en détaillant les calomnies que Hérault de Seychelles a fait imprimer anonymement sur M. de Buffon dans son trop connu *Voyage à Montbard*, la vanité, le goût du commérage, l'intérêt pour la chronique scandaleuse de notre petite ville, les mots *tout ça* et *pardieu* revenant continuellement dans sa conversation, laquelle aurait été si polissonne à table que les dames devaient s'en aller, que sais-je encore ? On ne doit pas parler ainsi de celui qui a établi que la Nature est contemporaine de la matière, de l'espace et du temps. Quand il en est venu à « l'habitude des petites filles après dîné », je l'ai pris au collet dans le dessein de l'expulser.

— Vous avez eu tort, dit Martial.

— Je le vois bien, dit le guide. Ses élèves m'ont encerclé, ceinturé, jeté à terre, roué de coups et piétiné. Ils sont ensuite partis tranquillement et sans se presser. » Cottin était troublé. « Est-ce vrai, demanda-t-il à Martial, ce que raconte ce Hérault de Seychelles ?

— Que voulez-vous dire ?

— Que Buffon disait *tout ça* et *pardieu* et qu'il avait le goût des petites filles ?

—*Le Voyage à Montbard* n'étant pas au programme, je ne suis pas obligé à vous répondre. Cependant, comme je vous aime bien, Cottin, malgré les apparences, je vous dirai ceci : une légende prête à Buffon l'usage de mettre des manchettes pour écrire; retournez la formule : quand il n'écrivait pas, Buffon ne portait pas de manchettes. C'est un peu impertinent, le *Voyage à Montbard*, mais c'est un très bon petit livre. Il y a la messe du matérialiste : *Tous les dimanches il va à la grand-messe, pendant laquelle il sort quelquefois pour se promener dans les jardins qui sont auprès, et revient se montrer aux endroits intéressants*, ce qui pourrait être de Voltaire. Il y a l'accueil du jeune écrivain inconnu par le grand auteur célèbre et âgé. Le visiteur, annoncé, attend dans une pièce. Une porte s'ouvre. Buffon entre exactement comme s'il n'y avait personne. *Il se retourna tranquillement, et fort longtemps, pour la fermer; ensuite il vint à moi majestueusement, en ouvrant ses deux bras*. Hérault de Seychelles comprend et apprécie le manège du grand homme, je sais ce que je vaux et crois ce qu'on m'en dit. Comme vous voyez, pour revenir à notre conversation d'hier, il y des manières intéressantes de fermer une porte dans les livres.

« La visite au grand écrivain est un genre plaisant et fécond. Cela commence avec Voltaire, Buffon et Rousseau. Qui connaît la visite de Casanova à Voltaire ?

—Moi, dit Nemours négligemment.

—C'est bien. Ensuite, cela a été aussi la visite de l'atelier du grand peintre, et le thème est passé dans le roman (mais qu'est-ce qui ne passe pas dans le roman ?), Balzac, Henry James, Proust... Demain, si nous roulons bien, nous rendrons visite à un peintre célèbre. M. Kurt, en route, plein sud. »

*

* *

Au signal de Caron, Bordheuil mit le moteur en marche et l'autocar descendit du bac sur la berge. Les eaux du Cocyte étaient noirâtres. Cerbère dans son antre, voyant la face ignoble de Pallu le nez collé à une vitre, aboya frénétiquement de sa triple gueule. Il n'y avait plus de couleurs, toutes choses étaient grises. Ici des fumées s'exhalaient de cratères bouillonnants. Ailleurs des tourbillons lents d'eaux boueuses agitaient mollement les paludes stygiens. « Et nous en reviendrons ? demanda Blatre. — Monsieur Blatre, vous doutez que je dispose d'un passe-droit ? Vous ne me connaissez pas. »

*

* *

La petite ville de Gardole n'est connue que pour la maison du grand peintre Miralta. Il était quatre heures quand ils arrivèrent. (C'était l'heure où Proust demandait son café au lait, où Flaubert se laissait tomber découragé sur son divan et où Buffon se livrait à son habitude des petites filles.) « Inutile de sonner, dit Martial à la grille.

— Je suppose que vous savez ce que vous faites » , soupira M. Kurt. Ils suivirent l'allée de platanes qui conduisait à la maison. Une fenêtre était ouverte. Martials'y accouda. « Thi-Loan, est-ce que le maître est là ? » demanda-t-il. Une jeune femme indochinoise, occupée à repasser un complet crème et un tailleur rose, apparut dans le cadre de la fenêtre. « Monsieur Claude ! » Elle se pendit à son cou en riant et l'embrassa sur les deux joues. Monsieur Claude se retourna lentement vers sa classe, aussi lentement que Buffon. Ceux qui n'avaient pas les yeux fixés sur le bout de leurs pieds regardaient le ciel en sifflotant ou bien se mouchaient avec bruit. « Le maître travaille, dit Thi-Loan. Il ne vous attend pas et sera ravi de vous voir. »

Que Miralta fût l'anagramme de Martial, nul ne l'ignorait plus, dit Léo Valence.

*

* *

Nous arrivons à la fin de l'émission… da da dam… Miralta, si l'on vous demandait : qu'est-ce que l'Art ?

— L'Art, c'est le vol.

*

* *

Un long couloir menait à l'atelier. Aux murs étaient suspendus des tableaux anciens et modernes, la collection du peintre. Il y avait des embarquements pour Cythère, des chutes d'Icare, des apothéoses de Louis le Grand, de grandes baigneuses et des petites, des femmes qui pleurent, des courtisanes aux grandes attitudes, des marines et des paysages qui attestent que la Nature est contemporaine de la matière, de l'espace et du temps, des empereurs, des rois et des papes, ignorant encore qu'après tant de siècles d'arbitraire et de caprice, le temps arriverait où personne n'aurait raison contre la raison, des enlèvements de Sabines et des retraites de Russie, mais qu'est-ce qui m'a fichu un machin pareil ?

Miralta était au chevalet. Au centre de l'atelier, vaste et peu éclairé, un homme posait dans un cercle de lumière artificielle. Il portait une chemise bleu azur, un pantalon de toile légère et des espadrilles. Il n'y avait pas de mollesse dans ses traits ni de cernes sous ses yeux, si bien que Martial ne reconnut pas d'abord Orsano Orsani. Mais il reconnut immédiatement la jeune femme qui était assise sur un divan. Cela se comprend. « Jean ».

— Claude ! (ils s'embrassent) cher ami (se tournant vers Orsani), mon frère.

— Orsano Orsani, dit l'Italien (avec un large sourire, la main tendue)... Anne-Marie (prenant la jeune femme par la main), même si ces choses-là ennuient Marcel Proust, qui n'est pas behaviouriste. Professeur, avez-vous fait bonne route ?

—Ah, vous vous connaissez ?» Dit Miralta.

Il fit signe aux élèves qui attendaient à la porte : «Entrez, Messieurs.» Thi-Loan qui les suivait alla voir l'ébauche sur le chevalet. Miralta lui dit quelques mots à l'oreille en montrant du doigt tel et tel endroit de la toile. «Ils peuvent retourner les châssis, n'est-ce pas ?» demanda Martial. Vidal regarda avec intérêt des Nefs des fous et Saint-Rouf des Désastres de la guerre. Nemours signala à Prax une série de dessins d'automobiles, faits du point de vue du chat écrasé ou du papillon percuté. Lui-même, indifférent aux arts, s'approcha de la cheminée sur laquelle était posée une photographie jaunie, dans un cadre d'argent. On y voyait quatre hommes et une femme, jeunes, posant devant une Bugatti. La femme était en tenue de tennis. Les deux frères Martial l'encadraient, Jean également en tenue de tennis et Claude en uniforme de la Marine. À droite, Nemours reconnut une silhouette et une contenance familières. «C'est Monsieur Bordheuil, n'est-ce pas ? demanda-t-il à Miralta.

—Ainsi, tout le monde connaît tout le monde.

—Et la jeune femme ?

—Claire Bordheuil, la sœur de Raoul. Vous trouverez plusieurs portraits de Claire dans l'atelier. Elle a vécu ici assez longtemps. Assez longtemps pour elle.

—Le quatrième homme ?

—Le propriétaire de la Bugatti. C'était notre modèle. Nous l'imitions tous en ce temps-là.

— Je n'ai jamais imité personne, protesta Martial qui s'était approché.

— Qui a dit : « Quiconque n'a pas commencé par imiter ne sera jamais original » ?

— Théophile Gautier.

— Comment diable tes élèves connaissent-il Raoul ? demanda Miralta. Le vois-tu encore ?

— Des rencontres fortuites ces jours-ci, après plus de vingt ans.

— Toujours le même ?

— Il s'est assagi » , dit Martial.

*

* *

« Monsieur Claude, vous semblez fatigué et amaigri », dit Thi-Loan en regardant le visage du professeur, quelque peu marqué par les aventures de ces derniers jours. « Est-ce qu'il mange à sa faim ? » demanda-t-elle aux élèves. Marcorelle la rassura : « Monsieur Martial est le premier mangeur de son Académie.

— Vous exagérez… » , dit le professeur.

*

* *

« Combien serons-nous à table ? » demanda Miralta d'un ton grave.

Quand Achille reçoit les ambassadeurs d'Agamemnon, c'est lui-même qui fait rôtir les viandes tandis que Patrocle entretient le feu. Ulysse se vante de savoir arranger le feu, trancher la viande et la rôtir. Si Achille et Ulysse l'ont fait, pourquoi pas eux ? Miralta, Orsani et Martial découpaient, disposaient, assaisonnaient. On ne leur demandait pas de préparer des hérissons au garum, des cigales frites ni des escargots au cumin (toutes choses que l'auteur de *Salammbô* avait dû trouver dans Apicius), mais la cuisse de chevreau, la longe de porc et l'échine de bœuf, comme il sied à des héros.

*

* *

M. Kurt montrait des signes de nervosité. « Avez-vous un téléphone ? » demanda-t-il. On sait que Miralta se fixa après la guerre à Gardole où il vit en reclus sans téléphone ni radio... *Ce qu'on sait moins,* dit Jacques Chancel, *c'est que vous avez une collection admirable de tableaux anciens à Gardole.*

— Qui vous l'a dit ?

— Je le tiens d'André Chastel et d'Elmyr de Hory, qui l'ont vue. Vous n'êtes pas de ceux qui affirment ne rien devoir aux grands maîtres du passé. On vous a d'ailleurs invité en Amérique à donner des conférences sur les tableaux qui vous ont inspiré.

— Cela a tourné court. Tout le monde sortait avant la fin. « Certains disent que la métaphore est la seule manière possible de parler d'une œuvre d'art, dit Orsani.

— Pas dans mes cours », assura Martial en vidant son verre. Thi-Loan suivait attentivement la conversation. Son regard allait de l'un à l'autre des convives selon qui prenait la parole. « Que veut dire *métaphore* ? demanda-t-elle à Miralta.

— Vous, là-bas, dit le peintre en désignant Cottin, que veut dire *métaphore* ?

— Une comparaison en un mot, a dit le père Bouhours.

— Cottin est un admirateur du père Bouhours, expliqua Martial. Elles ne sont malheureusement pas toutes en un mot, mais ce sont les meilleures, mon père. Un mot qui introduit dans la phrase une notion éloignée dans l'espace, dans le temps, dans la matière, de quoi la Nature est contemporaine, comme la bonne littérature. Balzac dit, à Venise, *l'été montra son ciel oriental*, Chateaubriand trouve *l'Arabie déserte à la porte de Rome*, et Léo Valence a parlé du *tympan polynésien d'Autun.* » Miralta donna la citation complète : *Ce qu'attaquent ces idoles peintes, et le tympan polynésien d'Autun, c'est l'optimisme occidental.* « Vous avez tous deux une mémoire effrayante, dit Anne-Marie.

— C'est de famille. Nous tenons cela de notre père.

— Vit-il encore ? » demanda un élève. Non, il avait été transporté au pays des Fées par Morgane, comme avant lui Arthur et Gargantua.

Orsani regardait Nemours d'un air interrogatif. « Nous nous sommes déjà rencontrés, n'est-ce pas ? Vous êtes le neveu de…

— Oui, oui…

— Que fait-il ?

— Oh, plus grand-chose, Monsieur, plus grand-chose… »

*

* *

Au fruit, Martial fit le récit du voyage, avec des omissions. Le personnage de Bordheuil suscita l'intérêt d'Orsani. « Ce manuel de littérature française écrit en captivité, l'avez-vous encore ? demanda-t-il.

— Vidal, l'avons-nous encore ?

— Certainement, Monsieur.

— Je serais curieux d'en entendre lire quelques passages, dit Orsani, si cela ne vous ennuie pas. » Vidal alla chercher l'objet. « Que vous lirai-je ?

— Nous nous fions entièrement à votre jugement », dit Martial. Vidal ouvrit la brochure. « Sade », annonça-t-il. Il fit une pause et regarda Martial, qui resta de marbre. « Dans une manchette, il y a : *Pauvre compilateur des idéologues du siècle, complètement dépassé par les événements en 93.*

— Je ne sais pas si cet auteur est au programme, dit Nemours d'un ton neutre.

— Il n'y est pas, dit Martial avec humeur. Mais s'il ne tenait qu'à moi, il y serait, et j'en parlerais autrement. Poursuivez, Vidal.

—Je passe le début. Ce manque d'originalité de Sade, cette timidité d'imagination et ce recours constant à la compilation ne le desservent pas comme romancier. Il arrive que ses personnages disent des choses au-dessus de la portée de l'auteur. Dans *L'Histoire de Juliette*, le ministre Saint-Fond explique à l'héroïne *qu'il est de la politique de tous ceux qui mènent un gouvernement, d'entretenir dans les citoyens le plus grand degré de corruption; tant que le sujet se gangrène et s'affaiblit dans les délices de la débauche, il ne sent pas le poids de ses fers; on peut l'en accabler sans qu'il s'en doute.* Juliette lui demande comment il s'y prendra. *C'est par les modes*, répond le ministre péremptoire, *que je veux d'abord travailler l'opinion publique.* Très ingénieux, et une leçon pour les politiques de notre temps. Quand on écrira l'histoire intellectuelle et politique du XXe siècle, on dira qu'il a été celui de la mode. Le XVIIIe, les Lumières, le XIXe, le positivisme, le XXe, la mode." — Tu aurais pu dire cela», dit Miralta à son frère, qui haussa les épaules. «Je vous lis la fin, dit Vidal.Il y a dans *Les Infortunes de la vertu*, ouvrage dont le titre ferait attendre une haute morale et la philosophie la plus sûre, un dialogue entre deux médecins qui retiennent une jeune captive destinée à une importante opération de vivisection. L'un d'eux hésite. L'autre dit: *il est odieux que de futiles considérations arrêtent ainsi le progrès des arts.* C'est une paraphrase de Diderot, dans un article de l'*Encyclopédie*, où ce sage auteur écrit: *De quelque manière qu'on considère la mort d'un méchant, elle serait bien plus utile à la société au milieu d'un amphithéâtre que sur un échafaud*. Quel esprit moderne ! Celui de Diderot, je veux dire. Il enjambe le XIXe siècle, le stupide XIXe siècle, celui de Michelet et de Hugo. Mais ne vous fiez pas à Sade : en feignant de paraphraser Diderot, il le dénature avec perfidie. Il fait dire à son médecin : *Le meurtre opéré par les lois est-il d'une autre espèce que celui qui va se commettre sous notre opération* ? Le meurtre opéré par les lois : il s'agit de ce qu'on appelle en bon français, sobrement, la peine de mort. Quand on dit *le meurtre opéré par les lois*, on parle comme Jean-Paul Sartre, on parle le langage de la provocation et de la subversion. Non, ne vous fiez pas au marquis de Sade, il y a du Jean-Paul Sartre dans cet homme-là. Voilà ce qui est dit ici d'un auteur dont vous parleriez autrement, conclut Vidal.

—Ce qui est attribué à Diderot… ? demanda Orsani.

—… est exact, dit Martial avec contrition, une des pages sombres de notre histoire littéraire. *Le plus grand honnête homme que j'aie lu*, disait Goncourt, et c'est une recommandation.

—Encore, dit Orsani, réjoui, à Vidal.

—Mme de Sévigné. Il est dur pour elle, mais mesuré. Au fond, il est généralement mesuré. » Martial fit un haut-le-corps. « Il déplore, chez Mme de Sévigné, la sentimentalité fruste, les limites généralement étroites des pouvoirs intellectuels, son penchant pour la médisance mesurée, son goût des devinettes, sa puérilité prolongée, l'inspiration répétitive, une volonté de séduction compulsive et peu scrupuleuse, la sécheresse de cœur pour ce qui ne la regardait pas personnellement. Je ne veux pas parler, dit-il, de l'indifférence aux souffrances de la plèbe, qui est certes louable, mais qui est chez elle un trait de classe plutôt que personnel.

— Ses réserves sont plus morales que littéraires, dit Orsani.

— Oui, c'est un moraliste, confirma Miralta en allumant un cigare.

— Mais après ces réserves, il finit par ce qu'il appelle la modernité de Mme de Sévigné. "On rabâche, dans l'histoire littéraire, son prétendu intérêt pour la nature, rare dans son siècle. On connaît le passage qui commence par *si vous avez envie de savoir en détail ce que c'est qu'un printemps*. Cela tient dans cinq lignes. Mieux vaut lire ce qui vient après :

Nous parions de grosses sommes

Mais c'est à ne jamais payer que ce bout d'allée sera tout vert dans deux heures. On dit que non. On parie. Nous trouvons là quelque chose de moderne : parier sur la nature. C'est une philosophie plus avancée que parier sur le hasard. Imaginez-vous Rousseau pariant sur la nature ? Pascal n'en est pas très éloigné quand il invite avec un louable cynisme à parier sur Dieu.

— Une lecture personnelle, commenta Miralta.

— Mais c'est permis avec les classiques, dit Orsani.

— Ici, il y a une parenthèse : (Pascal, qui a dit : *Abêtissez-vous*. Guizot : *Enrichissez-vous*. L'alpha et l'oméga de la sagesse. Il ne faudrait rien ajouter… Mais revenons, ma fille.) Il loue la relation touchante du procès de Foucquet. Mme de Sévigné était très liée avec le surintendant, ce précurseur méconnu de la finance moderne, souple et créative, où l'usage des prête-noms et de multiples comptes à l'étranger, Monte-Carlo, Panama, Bahamas, vise à faciliter des opérations dont l'utilité n'est jamais bien comprise par la magistrature.

— Y a-t-il d'autres auteurs que Sade avec qui il soit sans complaisance ? demanda Orsani.

— Il y en a plusieurs, assez peu nombreux du reste. Montesquieu est de ceux-là : La première édition de *L'Esprit des lois* se fit à Genève. On comprend pourquoi. Genève est aujourd'hui la ville des comptes bancaires secrets. L'idée de liberté s'est heureusement adaptée aux exigences de notre temps. Montesquieu aurait pu n'être qu'un bel esprit de province. Un mauvais génie et l'air du temps en ont fait l'auteur le plus dangereux de notre littérature, le plus coupable devant l'Histoire. *L'Esprit des lois*, ce n'est que de l'esprit sur les lois, disait Mme du Deffand. Elle se trompait. C'était beaucoup plus et beaucoup trop, et pour longtemps. Pas pour toujours : notre beau siècle a mis à mal, à peu près partout en Europe, le système pernicieux et chimérique de cet auteur. La séparation des pouvoirs ? Contradiction dans les termes. — Mais il a mis une phrase de Montesquieu en épigraphe, objecta Cottin.

— Cottin, vous ne comprendrez jamais rien, dit Martial d'un ton gaullien.

— Quant à l'objet de son œuvre majeure, poursuivit Vidal, les lois, chacun sait que depuis la Révolution nous sommes écrasés sous leur poids. L'excès de lois, s'il ne justifie jamais la révolte, autorise toujours la fraude.

— Comme on s'exprime clairement dans votre langue, dit Orsani.

— Chateaubriand a dit : *En nommant Montesquieu, nous rappelons le véritable grand homme du XVIIIe siècle*. C'est faux. Montesquieu n'est pas un grand homme. C'est un faible : *moi*, disait-il, *qui crois que l'excès même de la raison n'est pas toujours désirable, et que les hommes s'accommodent presque toujours mieux des milieux que des extrémités*. (*Pas toujours*, *presque toujours* : ce style est détestable.) Nous ne sommes pas si timides. Évitez toujours le milieu. L'extrémisme a plus d'avenir que la modération. Les contemporains ne furent pas si dupes que Chateaubriand. Pour son épitaphe, on s'adressa en vain à Voltaire. *Mme la duchesse d'Aiguillon m'a commandé quatre vers pour M. de Montesquieu comme on commande des petits pâtés*.

— Voltaire lui-même est-il mieux traité ?

— Beaucoup mieux. L'idéologue est un peu négligé, on insiste davantage sur le caractère du personnage. Cela commence par l'affaire de la nommée Travers, tripière demeurant rue de Vaugirard.

— C'est moins connu que l'affaire Calas, dit Miralta.

— Monsieur Bordheuil est porté à développer des détails peu connus, dont il tire des enseignements d'une haute portée.

— Comme vous, Monsieur, dit Nemours. On voit que vous avez eu les mêmes maîtres.

— Voici de quoi il s'agit : 1730. Vers le 15 août, le lieutenant général de police Hérault reçoit une dénonciation signée Hodar, Alvarez, Augé, Provost, Duparc maître tapissier, Monchoux, Voltaire et d'autres, bourgeois du haut de la rue Vaugirard et des environs de la porte Saint-Michel, l'informant *que la nommée Travers déjà mise une fois à l'hôpital, continue à donner un scandale public poussé aux derniers excès, s'enivrant tous les jours, battant ses voisines, jurant le nom de Dieu qu'elle mêle aux paroles les plus infâmes, se découvrant toute nue, et montrant ce que la pudeur ne permet pas de nommer, menaçant de mettre le feu aux maisons voisines, et tenant tout le quartier dans une alarme perpétuelle.* J'en ai été victime mais je persiste à penser que la délation est un des emplois les plus utiles que l'on puisse faire du langage. Voltaire dénonçait jusqu'à ses propres ouvrages, quand ils étaient dangereux, pour qu'on les attribuât à d'autres. Octobre. Nouvelle lettre, signée de Voltaire seul. *J'ai fait tout ce que vous m'avez ordonné. Je vous prie de me dire à quelle heure je pourrais vous parler ce soir.* Mais que fait donc la police ? Le 9 novembre, supplique des mêmes ou à peu près que le 15 août, au lieutenant général de police, où on rapporte entre autres que la Travers a dit *en ces termes qu'elle se foutait de la police et de ceux qui la gouvernaient.* Cette fois, ce n'est ni le style de Voltaire ni même par endroits la langue française. Ce doit être de Monchoux. Mais Voltaire a signé avec les autres. Cela finit par : *C'est pourquoi les suppliants vous prient Monseigneur, au nom de Dieu de débarrasser le quartier de la plus mauvaise femme qu'il y ait sur terre.*

Ils ne cessent de prier le seigneur pour la conservation de la santé de votre grandeur. Le 10 novembre, une autre lettre signée de Voltaire seul, *au sujet de la nommée Travers dont les scandales augmentent de jour en jour. Je joins Monsieur mes prières aux leurs* [Alvarez, Monchoux, le tapissier et *tutti quanti*] *pour vous supplier de corriger cette créature par quelques mois d'hôpital. Elle y a déjà été et cela la rendit sage pour quelque temps.* La bonne conscience de Voltaire est telle qu'il ne se rappelle pas avoir séjourné à la Bastille il n'y a pas si longtemps. La bonne conscience est l'état d'âme où nous devons tendre, et ignorer tout le reste. Amen… Jamais il ne se trouva une âme qui entendit mieux la haine que celle de Voltaire. Sa passion prenait pour objet la Travers aussi bien que Frédéric II. Voltaire haïssait démocratiquement. La liste de ceux à qui il voulut du mal impressionne : le chancelier d'Aguesseau, l'avocat général Joly de Fleury, la bâtonnier Dains, le président De Brosses, la Bienvenu, colporteuse, Nicolas, garçon de café, Salenne de Beauregard, indicateur de police [Il en faut. La police n'est pas inspirée. Je dis cela avec tout le respect qui est dû à ce corps], l'évêque de Mirepoix, l'évêque d'Annecy, le curé de Moëns, celui d'Ornex, ceux de Saint-Sulpice et de Saint-Barthélemy [Au chevet de son frère mourant, il eut avec le curé de Saint-Barthélemy une querelle si vive sur un point de doctrine, que le moribond *les a priés de passer dans la chambre à côté pour terminer leur dispute*, raconte-t-on, *ce qu'ils ont fait; et à peine ont-ils été entrés, qu'il est mort*], l'abbé Nadal, l'abbé Grizel, l'abbé McCarthy, l'abbé Trublet, l'abbé Desfontaines, l'abbé

Bordheuil mon parent, von Freytag et Schmidt, de Francfort, son singe avec lequel il avait de fréquents démêlés et qui lui mordait la jambe jusqu'à l'os, Travenol père et fils, Jean-Baptiste Rousseau et Jean-Jacques Rousseau [On a dit que la littérature française est si riche qu'il y a des homonymes. Il y a deux Balzac et deux Rousseau. Voltaire est l'homme qui se brouilla avec les deux Rousseau], Maupertuis, Marivaux, Fréron, Lefranc de Pompignan, les jésuites, les convulsionnaires de Saint-Médard, les pénitents blancs, les sociniens, les commis de la poste… *Mille e tre*. Voilà un homme. Nous sommes des enfants de chœur.

—Oui, c'est bien Raoul, dit Miralta. Il désapprouve, il dénigre, il envie, mais il ne sait pas vraiment haïr. Il en demeure frustré. Il sent que la grâce lui manque. Les âmes sont étrangement faites.» Martial n'ignorait pas qu'il y avait chez son frère un côté Dostoïevski pour lequel il avait toujours eu de l'éloignement. «L'abbé Bordheuil a-t-il existé ou est-ce une invention? demanda Cottin, toujours curieux de tout.

—Il a existé, confirma Martial, Arpajon 1728, Paris 1793. Il est le fondateur de la Gazette du Saint-Esprit, qui s'en prenait aux philosophes sous tous les prétextes et par tous les moyens.

—On trouve dans la Correspondance de Voltaire, diffamé par cet organe, ajouta Orsani, *j'en écris au Lieutenant Criminel, il est bon de tenter toutes les voies, car ce n'est pas assez de rendre l'abbé Bordheuil ridicule, l'écraser est le plaisir*, et aussi *je suis honteux de savoir qu'il existe*, n'est-ce pas professeur ? » L'abbé Bordheuil, défroqué, engendra Rainier Bordheuil, Paris 1769, Paris 1860, soi-disant secrétaire d'ambassade et homme de lettres, auteur de *Clitorine*, satire de *Corinne* de Mme de Staël, dans le même esprit que celui de Fielding faisant *Shamela* d'après *Pamela* de Richardson. Qui engendra Raymond Bordheuil, Paris 1799. Venise 1848, pamphlétaire orléaniste, conseiller de Guizot. Qui engendra Edmond Bordheuil, Paris 1835. Moscou 1909, aventurier et espion. Qui engendra Edouard Bordheuil, Versailles 1871. Cayenne 1928, notaire. Qui engendra Raoul Bordheuil, notre homme.

L'ampoule suspendue au-dessus de la table attirait les papillons de nuit aux orbites excentriques. Léo Valence est-il un écrivain animalier ?

Vidal était passé à Chateaubriand. « *Après les Cent-Jours, madame de Custine me força de dîner chez elle avec Fouché*. Chateaubriand se laissait volontiers forcer par les dames. Ce n'est pas ce que nous lui reprochons. Fouché fut un ministre de la police éclairé et efficace, Chateaubriand un rêveur qui se crut écrivain et ministre. Voici comment il parle de l'autre : *Ce qu'il y avait de mieux en lui, c'était la mort de Louis XVI ; le régicide était son innocence*. Et plus loin : *ne se faisant faute d'aveux effrontés sur la justice des succès* [et où est le mal ?], *le peu de valeur d'une tête qui tombe, l'équité de ce qui prospère, l'iniquité de ce qui souffre* [nos intellectuels nieront-ils toujours l'évidence ?], *affectant de parler des plus affreux désastres avec légèreté et indifférence, comme un génie au-dessus de ces niaiseries*. Chateaubriand est un démoralisateur. *Je sortis en haussant les épaules au crime.* Alors, dit Vidal, l'auteur se fâche : « Ici, j'ouvre une parenthèse. J'enseigne les lettres, non les sciences politiques, mais je suis citoyen avant d'être enseignant. Il faudrait que les hommes de lettres sachent se tenir convenablement, cessent une fois pour toutes de dénigrer par système les hommes en place et apprennent enfin le respect du fait accompli. Il faudrait qu'ils comprennent que l'état des choses ne dépend pas d'eux, que le mépris répond au mépris, et qu'il doit peser davantage quand il émane du pouvoir. Sainte-Beuve dit après une conversation avec M. Thiers : *Je n'ai jamais vu d'antipathie égale à celle que lui inspire Hugo.* Un poète romantique ne peut inspirer d'autres sentiments à un homme d'État. Ni à un homme de bon sens. Hugo n'a jamais été emprisonné ni déporté. Il eut la liberté de s'exiler quand il lui plut, et de parler autant qu'il voulut depuis son rocher. Voilà le monde où nous vivons. Je referme la parenthèse, avec fracas." »

Une digression à propos de la comtesse de Ségur se trouvait dans le chapitre, assez médiocre, consacré à la génération romantique. D'après l'état civil, la comtesse est née un an après Michelet et morte aussi un an après, « tant est diverse en tous temps la littérature française », dit Orsani. Bordheuil faisait observer que *Les Misérables* est de 1862, *Les Malheurs de Sophie* de 1858 : Sophie précède Cosette, la vertu suit le vice, toujours neuf, inventif, imprévisible. Il faisait cas de l'origine tartare de la comtesse, née Rostopchine, fille du gouverneur de Moscou qui mit le feu à la ville, voyez *Guerre et Paix*.

« Finissons avec les Goncourt, proposa Vidal.

— En valent-ils la peine ? demanda Martial.

— Cela dépend : il fait une différence entre les deux frères. Il est beaucoup moins content d'Edmond que de Jules. Il cite, de Jules, des choses curieuses : *Robespierre, Proudhon, Manin, Cavour, républicains à lunettes*. C'est un artiste, celui qui note : *Deux chiens jouaient sur l'herbe; ils se sont arrêtés pour bâiller* ou *Un chat qui se frotte contre les épines d'un rosier*, et la formule définitive du garçon de café (parisien) : *C'est le* nil admirari *en marbre que le garçon de café*. Edmond, c'est autre chose. La doctrine est saine (*un peu plus de police dans la rue*), mais il lui manque le goût, le bon et le mauvais. *On s'arrêtait pour écouter le délicat barbotis, enamouré de fraîcheur, d'un bouvreuil se baignant dans la mignonne baignoire minuscule de Nymphenbourg qu'est la corolle d'une rose blanche*. C'est une de ces phrases qui vous donnent l'impression que l'auteur se gratte en l'écrivant.

— Il y a des choses à sauver, dit Miralta. Adolescent, j'ai lu *Manette Salomon*, parce que c'est l'histoire d'un peintre. Cela commence au belvédère du Jardin des plantes : *Paris était sous eux, à droite, à gauche, partout*.

— Très bien, approuva Orsani, l'érotisme de la Grande Ville. Mme de Staël dit dans *Corinne* qu'*on peut contempler Rome de tous les côtés, et voir toujours un tableau frappant dans la perspective opposée*.

— Orsano ! interrompit Anne-Marie.

— Que dit le professeur de Mme de Staël ?

— J'en dis pis que pendre à mes élèves mais il m'arrive de la lire en cachette. »

*
* *

La cuisine, toutes fenêtres ouvertes, était exposée au soleil matinal. Thi-Loan lavait la vaisselle. Martial, un tablier de ménagère noué autour de la taille, l'essuyait. « Le maître sort-il quelquefois ?

— Pas plus loin que le village, Monsieur Claude, et rarement.

— Et vous ?

— Je n'ai jamais vu la Méditerranée. Il dit qu'elle est très belle. » Miralta, qu'ils n'avaient pas entendu, était à la porte : « Elle est très belle ».

— Veux-tu venir avec nous jusqu'à Sète ? demanda Martial.

— Tu n'y songes pas. Mais, Thi-Loan, pourquoi n'iricz-vous pas, vous ? Vous reviendriez en taxi.

— Je n'ai jamais pris un taxi.

— Claude vous expliquera. » Martial non plus n'avait jamais pris un taxi. « Je vous expliquerai, dit-il.

— Qu'allez-vous faire à Sète ? demanda Miralta. Est-ce pour Valéry ?

— Pas pour Valéry, corrigea Martial, à cause de Valéry. Je ne suis pas entièrement responsable de notre itinéraire.

— Le *Bossuet de la IIIe République*, non ? dit Orsani qui était descendu à son tour, pieds nus en pyjama à rayures bleu ciel.

— C'est ainsi qu'il se qualifie, confirma Martial, quand on lui commande un discours pour le centenaire de la mort de Goethe, de qui il dit à Léautaud : *il m'emmerde*, pardonnez-moi, Thi-Loan, je cite. Ce discours (*Monsieur le Président de la République, Mesdames, Messieurs*), n'est d'ailleurs pas si mal. Il y a *le théoricien des actions lentes et des accroissements successifs*, et cet euphémisme bien français : *une curieuse magnificence dans l'indépendance du cœur* (Goethe abandonnait régulièrement et scrupuleusement ses maîtresses quand elles pouvaient s'y attendre le moins). Des choses creuses aussi : *Il est peut-être le dernier homme qui ait joui de la perfection de l'Europe.*

— L'Europe des jeux de société ? suggéra Orsani, qui avait écrit un ouvrage d'érudition sur ce sujet. Dans *Poésie et Vérité*, Goethe les justifie en disant : *Le temps est infiniment long, chaque journée est un vase dans lequel on peut verser beaucoup, si l'on veut véritablement le remplir.* Cette phrase est un peu déconcertante de la part d'un artiste. Si j'essaie de me représenter Goethe transporté au XXe siècle, je l'imagine justifiant, dans le même esprit, la télévision : Une invention propre à diffuser aussi bien des choses d'une très grande portée que des divertissements badins, toujours dans les limites de l'intelligible, auxquels plus d'une tête bien faite trouvera profit et matière à des sujets de conversation et d'entretien. Il sourit (Chrysostomos) et ajouta : « Goethe, très vieux, gâteux, mourant devant son poste de télévision en tournant le bouton : *Mehr Licht*, plus de luminosité. »

*
* *

Moins solennels que Goethe si l'on accepte l'interprétation officielle du *Mehr Licht*, Jacques Rigaud, dadaïste suicidé à trente ans, le doigt sur la gâchette : *Ne me faites pas rire* (mais c'est une invention de Michel Leiris). Sacha Guitry, égal à lui-même jusqu'à la fin, à Lana Marconi : *Ne me regarde pas, mon petit, ce n'est pas un spectacle.* Raoul Bordheuil au prêtre lui administrant l'extrême onction : *Je n'en ai pas fait assez.* Frank Sinatra à l'infirmière qui lui mesure la tension artérielle plongeante : *I am losing.*

X

ECKERMANN PREND NOTE

Les morceaux choisis par Vidal dans le cours de Bordheuil avaient excité la curiosité de ses camarades. La brochure ronéotypée circulait dans l'autocar sous l'œil désapprobateur de Martial. Il avait ouvert la Correspondance de Curtius avec Gide. «*L'indéfectible plaisir des lettres*, lut-il à haute voix. Je n'ai pas l'esprit moralisateur de mon éminent collègue, dit-il, j'ai simplement essayé de vous faire connaître, ou deviner, cela: *l'indéfectible plaisir des lettres*, rien de plus.»

Cottin se pencha sur le livre. «Curtius?

—E. R. (Ernst Robert) Curtius (1886-1956), l'érudit allemand, auteur de *La Littérature européenne et le moyen âge latin*, celui qui a dit: *Pour la littérature, tout le passé est présent, ou peut le devenir.*» Après un intervalle de silence, Nemours demanda: «Connaissez-vous la correspondance de Curtius avec Catherine Pozzi, la maîtresse de Valéry ? » On a les élèves qu'on mérite, ou qu'on redoute, dur métier.

Martial conduisit ses élèves au cimetière, devant la tombe du poète. Il tendit le Destrées et Gouyon à M. Kurt. « Voulez-vous leur lire *Le Cimetière marin* ? J'ai marqué l'endroit. Je vais faire voir la mer à Thi-Loan. »

Sur la plage, Paul Valéry en costume de bain, membres émaciés, joues creuses, pommettes saillantes, rides accusées, fait ses exercices. Inspiration, expiration. « L'idée Gymnastique est capitale

— C'est là ma philosophie. Aaaah ! Euuuh ! L'art n'est qu'entraînement. » Il fait la culbute plongée. « Le sport est la culture de l'économie psychophysique des actes. Tout l'enseignement existant est sportivement grossier. » Culbute avant et redressement. « L'élégance est la sensation du rendement. » Il exécute le saut hollandais. « La littérature n'est rien de désirable si elle n'est un exercice supérieur de l'animal intellectuel. » Tenant une ombrelle, André Gide enveloppé dans une cape de bure et chaussé de babouches, observe à distance le manège de Valéry. Il se tourne vers le lecteur et plisse les paupières : « J'ai pour lui l'affection la plus vive; il faut tout ce qu'il dit pour la diminuer. C'est un de mes meilleurs amis; s'il était sourd et muet, je n'en voudrais pas de meilleur. » Il s'éclipse sans avoir été vu. Valéry fait le poirier. « C'est le dressage qui est l'essentiel. Les actes. Amener l'animal par telle voie au rendement le plus élevé. » Salto avant. Hop ! « Il y a un cheval en toi. » Il court le long de la plage. Des bulles apparaissent à la surface de l'eau, puis un chapeau cabossé. Paul Léautaud, imperturbable et dégoulinant, émerge, tenant un lourd sac à provisions dans une main et une canne de frêne dans l'autre. Il essuie ses lunettes avec un grand mouchoir à carreaux. « Mais c'est Léautaud, s'exclame l'athlète. Comment allez-vous ?... Il y a une éternité !...

— Mon dieu, oui.

— Depuis le temps de la rue Gay-Lussac. Les affaires vont bien ?

— Eh, mon dieu…

— Faites comme je fais, mon cher. Peu d'exemplaires, mille par exemple, sur papier de luxe et très cher. Puisque l'époque est à cela ! Il faut en profiter. Vous gagneriez beaucoup plus. Ne vous laissez pas faire. » Léautaud dit qu'il y songera et s'éloigne à petits pas. Valéry fait la roue. « La virtuosité est la seule valeur qui ne soit pas sous la dépendance des jugements subjectifs. » Raoul Bordheuil paraît, en tenue de scout. Il le sollicite pour un autographe. *Entretiens avec le Président Salazar*, avec une préface de Paul Valéry, Paris, 1934. « Êtes-vous bibliophile, jeune homme ? demande le poète.

— Non, Maître, mais il faut vivre » dit le scout. Valéry, compréhensif, donne l'autographe. Un dernier salto arrière. « Midi sans mouvement. Midi le juste. Je rentre. »

Valéry condamnait la littérature : *L'acte d'écrire demande toujours un certain sacrifice de l'intellect.*

(Flaubert acquiesce.) Il méprisait en particulier le roman, qui peut être résumé (non), raconté (peut-être), traduit (certainement pas), développé et prolongé à l'infini (oui), et assurait à André Breton que jamais il n'écrirait : *La marquise sortit à cinq heures*. Le surréaliste commente : « Si le style d'information pure et simple, dont la phrase précitée offre un exemple, a cours presque seul dans les romans, c'est, il faut le reconnaître, que l'ambition des auteurs ne va pas très loin. » *Manifeste du Surréalisme*, Paris, 1924. Paris, 1922 : *Ulysses*, Shakespeare & Co. James Joyce : « Hasn't the fellow been around ? » Il y a une photographie prise à la fin des années vingt à l'occasion d'un banquet pour célébrerla publication de la malheureuse traduction en français de *Ulysses*, où l'on voit à table Joyce et Édouard Dujardin, l'inventeur du monologue intérieur, et entre eux deux nul autre que Paul Valéry. L'auteur de *La Jeune Parque* apparaissait en ce temps-là, avec sa mèche grise et sa moustache noire, sur toutes les photographies de banquets, réceptions, enterrements, coupures de ruban et baptêmes de paquebots. « Une vie de forçat. C'est fou, mon cher. »

« M. Kurt vous a lu le poème ? demanda Martial, de retour au cimetière marin.

—Oui, oui, dit Nemours. Ensuite, il a trouvé un extrait en prose qu'il nous a commenté, sur l'esprit européen : *Les autres parties du monde ont eu des civilisations admirables, des poètes du premier ordre, des constructeurs et même des savants*, en accentuant *et même. Mais aucune partie du monde n'a possédé cette singulière propriété* physique *: le plus intense pouvoir* émissif *uni au plus intense pouvoir* absorbant. Il nous a dit que ce n'est pas une mauvaise définition du colonialisme, et concise.

—Je savais que je pouvais lui faire confiance, dit Martial.

—Que veut dire *colonialisme* ?» demanda Thi-Loan.

*

* *

Quand il eut fini de manger, Martial passa ses élèves en revue d'un regard triste. Ses yeux s'arrêtèrent sur le cancre. «Prax, vous redoublez, n'est-ce pas ?

—[Sourire béat :] Fidèlement, Monsieur.

—L'an prochain, Paris, c'est décidé. Et nous passerons par Lascaux.

—Pourquoi Lascaux ?

—Il y avait ceux qui taillaient des silex, et c'est très bien, et ceux qui dessinaient des aurochs, et d'un certain point de vue ce n'est peut-être pas aussi bien, mais c'est plus amusant. Activité rituelle de chasseurs soucieux d'économie domestique et du réfrigérateur ? Tout le monde ne pense pas que ce soit seulement cela. «Cessons de confondre Lascaux avec Le Chasseur Français» , a dit Léo Valence à un anthropologue lors d'un autre cocktail. Je ne voudrais pas que vous deveniez tous tailleurs de silex.»

I am thinking of aurochs and angels, the secret of durable pigments, prophetic sonnets, the refuge of art. And this is the only immortality you and I may share, my Lolita.

La tristesse de Martial avait gagné ses élèves. « Savez-vous qu'André Breton mit en doute l'authenticité des peintures de Lascaux et demanda qu'on fît une enquête ? Breton était le fils d'un gendarme, cela laisse toujours quelque trace. »

Gardole. Il pleut. Orsani, frissonnant et ouvrant les yeux : « Vous avez parlé de Lascaux et d'André Breton ?

— Nullement, dit Miralta. J'ai pu parler de Magnasco et des calvaires bretons, ce qui justifie assez votre assoupissement. Voulez-vous un café ? »

Le professeur commanda un café. « Mais nous n'irons pas à Lascaux. Depuis plusieurs années, on ne peut plus visiter la grotte. »

Martial héla le taxi. Il s'inclina pour donner ses instructions au chauffeur, mais la physionomie qui se présenta à lui le fit réfléchir. « Prax, dit-il au cancre, que diriez-vous si je vous demandais d'accompagner Thi-Loan ? Je vous défraierais pour le retour en train. On ne s'inquiétera pas de votre retarddans votre famille ?

— Non, Monsieur, on ne s'inquiétera pas » , dit Huckleberry Finn.

*

* *

Dans l'autocar, Martial silencieux regardait droit devant lui la route rectiligne à perte de vue. « Elle est plus longue que large », dit Goethe. Eckermann prit note de cette observation qui lui sembla d'une grande importance.

XI

DERNIER ATOUT

Une pluie épaisse et tiède battait le pare-brise. Ce temps favorise l'activité intellectuelle et porte aux idées générales. « Avez-vous remarqué, demanda Martial, que les deux romans français les mieux concertés sont restés inachevés, et la fin n'en est qu'indiquée par des notes ? » Un silence. « *Bouvard et Pécuchet* et *Les Cent vingt Journées de Sodome*. Flaubert : *Finir par la vue des deux bonshommes penchés sur leur pupitre et copiant...* Sade : *Et les supplices à votre choix*.

— Tout roman finit abruptement, dit Nemours en haussant les épaules. Vous savez bien ce que dit Proust : "Puis subitement : *Vingt ans après ces événements, on pouvait rencontrer dans les rues de Fougères un vieillard encore droit, etc*. Alors quoi ? ce livre, ce n'était que cela ?" Je cite approximativement.

—Tout finit abruptement, ou mal», ajouta Marcorelle.» Martial, à ses élèves, après un silence: «Ce que je vous dis ou rien... Tous, parvenus à l'âge adulte, vous cesserez de lire des romans. Comme, du reste, des poèmes, des comédies, des tragédies. Vous lirez les Mémoires de Jean-François Revel (à paraître) et *Stratégie des investissements* de Leland Stark Jr.

—Jamais!» protesta Marcorelle. Ce qu'avait dit Martial était une provocation. Il espérait même que certains aient, adultes, une activité artistique. À condition, si l'un d'eux devenait romancier, que lui-même ne se trouvât pas parmi ses personnages, ce qui, avec le goût pour le mauvais esprit qu'il avait cherché à leur transmettre, pourrait bien produire des choses fâcheuses. S'il s'agissait de l'un de ceux qui étaient de ce voyage, il était à craindre que d'autres personnes de sa connaissance figurassent...

La politesse de Miralta, si exquise qu'elle fût, ne pouvait dissiper l'embarras du jeune homme. Son ami Vidal l'avait présenté. Hugues de Saint-Rouf ne tenait en rien du célèbre général, celui au monocle. Il avait les yeux noirs et la délicatesse d'attaches de sa mère, une Algérienne que le général avait enlevée au cours d'une expédition punitive dans l'Atlas. Il regarda avec une curiosité timide les membres du cénacle. À la droite du peintre était assis l'épicurien Orsano Orsani. Fils d'un banquier, ancien élève du prestigieux lycée Tasse, ayant complété sa formation intellectuelle grâce aux loisirs du *confino* où l'avait relégué Mussolini, habitué du café Aragno, plaisant aux femmes pour sa belle âme, il était de ceux à qui rien ne manque. L'homme qui lui tendait une allumette était Raoul de Bordheuil, fils et petit-fils de bâtard, l'ultime rejeton d'une famille mentionnée dans les chroniques des croisades et qui se distingua plus tard par une tendance méthodique à la mésalliance profitable. L'intuition fait parfois défaut où la méthode règne, et la condition du dernier des Bordheuil était au temps de ce récit celle de parasite mondain. Accoudé à la cheminée, le docteur Vidal, le psychiatre bien connu, caressait le genou d'une danaïde de Rodin. Théoricien controversé, praticien recherché, il traitait à prix d'or à la demande de son ami Picasso les maîtresses abandonnées par ce peintre illustre. La conversation, qu'avait interrompue l'entrée des jeunes gens, reprit. Claude de Miralta, le frère du maître de maison, dont le tour d'esprit était singulier, soutenait que le Balzac de Rodin représentait un phallus et que c'était pourquoi il se passa quarante ans avant que les pouvoirs publics autorisassent qu'on le fît couler et ériger boulevard Raspail. Hughes de Saint-Rouf rougit jusqu'aux oreilles. [ROMAN MONDAIN]

Un ivrogne qui venait d'entrer dans le café s'approcha de Martial et sourit. Le professeur absorbé dans sa lecture fit mine de ne rien remarquer. Son attention de lecteur en fut cependant distraite. Des phrases comme *Patron, un Vittel-cassis*, *Vivement ce soir qu'on se couche*, *On en a soupé de la canicule*, *Du pareil au même*, *Tous des vendus nos dirigeants*, commencèrent à parasiter la prose du duc de Saint-Simon (elle aussi d'un style peu académique, mais somme toute différent). « Qu'est-ce que vous lisez ? » demanda l'ivrogne gentiment. Martial, sans répondre, lui fit voir le dos du livre. « Ah, Louis ! — En effet, dit Martial étonné, Louis de Rouvroy, duc de Saint-Simon. — Oui, Loulou, dit l'ivrogne. Patron, un demi pour chacun… Vous comprenez, *deux demis* n'est pas euphonique. » (Euphonique, euphonique ? dit Arletty). À une table voisine, un autre ivrogne, celui qui avait estimé que tous nos dirigeants sont des vendus, répétait mécaniquement : *Une salope ! Une salope !* « Oh, ça va, dit l'ivrogne de Martial en tapant sur le zinc, ne nous assommez pas avec vos convictions. » [ROMAN POPULISTE]

Claire Bordheuil avait absolument rompu avec son milieu et sa famille, particulièrement avec son frère, proxénète amateur et indicateur de police apprécié. Elle fréquentait des gens étranges et lisait *L'Humanité*. Martial s'inclina avec une raideur militaire et lui baisa la main. Elle remarqua que sa peau était hâlée, et son intuition réaliste-socialiste lui fit reconnaître immédiatement et juger le hâle du sportif, non celui du travailleur manuel. « Et pourquoi pas, après tout ? » se dit-elle. [ROMAN RÉALISTE-SOCIALISTE. Avant censure par André Marty.]

« Qui êtes-vous ? demanda la princesse épouvantée.

— Appelez-moi Bordheuil, proposa l'ogre. J'ai tant d'autres noms. On m'a appelé Polyphème, Méphistophélès, Valmont et Blamont, l'abbé Carlos Herrera, le Maître de Ballantrae, Moby Dick et le capitaine Achab.

— Est-ce que vous ne vous vantez pas un peu ? demanda la princesse.

— C'est possible, admit l'ogre avec bonhomie. Chaque être humain est une colonie, a dit Picasso (qui n'est pas exactement un ami politique), mais il se peut que je me vante. Polyphème, Moby Dick ? Aujourd'hui, il arrive qu'on me confonde avec le préfet Papon. Il n'y a pas de vertu qui ne s'affaiblisse à la longue. » [CONTE DE FÉES]

Jadis, du temps que les humains ne se distinguaient pas des animaux, le rire n'existait pas, ni les pleurs. Le démiurge, qui se tenait à l'écart entre la lune et les Pléiades, avait peuplé la terre avec la progéniture turbulente de deux frères guépards qu'il avait engendrés, artistes et par conséquent hermaphrodites. Le démiurge regrettait que ses enfants et ses petits enfants ne connussent ni le rire ni les pleurs. Il fit en sorte qu'un arbre urucu (*Bixa orellana*), le plus grand des forêts de la terre, s'élevât jusqu'aux astres. Alors il conçut un frère et une sœur, qu'il fit l'un vautour charognard, l'autre perroquet, et les posa au sommet de l'urucu qu'il renvoya vers la terre. [MYTHE AUSTRAL]

Je ne suis arrivée ici qu'avant-hier, mon cher Raoul, et déjà vos deux amis font à cause de moi des culbutes et des cabrioles la tête en bas, en pans de chemise, à l'imitation d'Amadis et de Roland dans les romans d'autrefois, disent-ils, et d'autres extravagances qu'il vaut mieux taire. En sera-t-il donc toujours de même? Votre pauvre sœur ne suscitera-t-elle jamais de sentiment qui n'anéantisse absolument la raison? Ah, Raoul, faut-il rire ou faut-il pleurer? Je ne puis vous en dire davantage aujourd'hui, le coiffeur m'attend. [ROMAN ÉPISTOLAIRE]

Les deux chirurgiens étaient face à face. «J'ai été l'élève de Cramer-Graefe et de Michonneau, dit Martial, le visage très rouge, je n'ai pas acheté mon diplôme.

—Mon cher et éminent collègue, dit le professeur Bordheuil avec suavité, cela se peut, mais vous ne savez pas ce que vous dites. Il faut amputer, aucun doute n'est permis, un interne le verrait.» Le général Saint-Rouf égrenait son chapelet en tremblant. «Mon général, vous en réchapperez, dit Bordheuil. Il le faut, il y a encore tant de rebelles à faire mettre à la question. Votre zèle est connu en haut lieu et apprécié dans l'opinion publique.» Le général sourit béatement et dit: «Amputez, professeur.» [ROMAN MÉDICAL]

Bordheuil avait jeté son dernier atout.

Vingt ans après ces événements, on pouvait voir à la porte d'un établissement voisin de la place Pigalle un homme vêtu de noir, aux cheveux très courts et devenus blancs, dont la bouche portait la marque d'une attaque d'apoplexie, qui racolait les passants en articulant avec difficulté ces paroles: «Lêêês... plus beaux nus d'Paris. Lêêês... plus beaux nus d'Paris. B'soir jeune homme, on rentre seul? Tâââ...bleaux vivants. Tâââ...bleaux vivants. Vous cherchez quelqu'un, M'sieur le curé? Lêêês... plus beaux nus d'Paris.» [ROMAN DU MILIEU]

Chaque soir, Orsani distribuait les comprimés de quinine, qu'il gardait dans une poche de sa saharienne. Il s'était écoulé une semaine depuis la défection des porteurs. Martial avait une barbe drue et grise. L'Italien était impeccable. À l'aube, il se rasait avec son couteau à lame de Cordoue au miroir de l'eau des marécages. Bordheuil, qui avait voulu l'imiter avec son canif, s'était affreusement taillé. Sa barbe noire, naturellement envahissante, en était restée inégale et asymétrique. Les cicatrices étaient purulentes. Son aspect était effrayant. [ROMAN D'AVENTURES TROPICALES]

Le soleil disparaissait derrière les remparts sidéraux de Crom Dhu, orientés vers Sirius, du côté de Jekkara. La pierre de Sagesse, que le Rebelle Suprême de Mercure avait offerte au Commandeur, après l'indépendance, lors d'une visite officielle, éclairait seule le Salon doré. «Cela nous fera toujours économiser l'électricité», avait dit la maîtresse de maison.

Le Commandeur était resté fidèle aux usages vestimentaires des terriens. Son ministre, converti à la mode martienne, portait ce jour-là une tunique cintrée à col montant et des bottines de résinyl gorge-de-pigeon. «Alors, Peyrefitte, ce rayon pourpre, c'est pour quand?

— Nos savants y travaillent jour et nuit, Commandeur.

— Vos professeurs Nimbus, oui ! Je ne sais pas si vous êtes au courant, mais sur Sirius, c'est opérationnel. Tous azimuts, dont le nôtre. Le Sâr Bordheuil (que j'ai eu le grand tort de gracier naguère) nous regarde de haut en bas. Nous perdons notre rang, ce n'est pas acceptable. » Le ministre baissa la tête et regarda ses bottines. [ROMAN DE SCIENCE-FICTION. Et nous songeons à Flaubert, dit Léo Valence, *les gens d'un esprit supérieur, seuls, honoraient ces abbadirs tombés de la lune. Par leur chute, ils signifiaient les astres, le ciel, le feu; par leur couleur, la nuit ténébreuse, et par leur densité, la cohésion des choses terrestres*. Le côté science-fiction de Flaubert, ma petite Albertine. Vous savez, Ray Bradbury, Philip K. Dick, Leigh Brackett, *C'était à Jekkara, faubourg de Crom Dhu, dans les jardins de Rhiannon*.]

Orsani sortit sur le pont pour fumer un cigare. Le capitaine était accoudé au bastingage. « Vous voyez cette île, dit-il. Un blanc en est le roi. Il vint jadis à bord du Seneca. Oui, celui qui a été torpillé. Il était peintre. Il fit un portrait de la fille du roi d'alors qui plut tant à celui-ci qu'il la lui donna pour femme. Quand le roi mourut, l'aventurier, qui se faisait appeler Miralta bey (ne me demandez pas pourquoi), fut proclamé roi à son tour. Il règne sans fracas mais sans partage.

— C'est curieux, j'ai connu un peintre nommé Miralta, mais ce ne saurait être le même.

— Seriez-vous tenté par la royauté dans une île? demanda le capitaine.

—Hélas, j'aime trop le luxe et les automobiles.» [ROMAN DES MERS DU SUD]

Le roi Johannes II de Buranie peignait des natures mortes et signait un décret sans le lire entre deux tableaux. Son frère, le prince Claudius, un cas désespéré, était auteur d'opérettes représentées au Théâtre Royal avec le secours d'une claque assourdissante. «C'est mieux ainsi, se disait dans sa loge le baron Radulph, on n'entend pas les vers.» Le baron était ministre de l'Intérieur, c'est-à-dire pour l'essentiel chef de la police, ou des polices car il y en a toujours plusieurs, cette institution ayant une tendance naturelle à se multiplier. Le vieux général von Ruf, ministre de la Défense, marionnette du baron, était son invité. Il avait une jambe de bois et deux mains mécaniques à la suite de l'essai malheureux d'une arme secrète destinée à pulvériser d'un coup la paisible nation des Slovètes, voisins des Buraniens. [ROMAN MITTEL-EUROPA]

Martial contrôla son maquillage. Les malheurs successifs qui l'avaient réduit à sa condition présente ne lui avaient jamais fait négliger son apparence. Il s'avança avec majesté sur la piste, vêtu d'un habit brodé de paillettes et coiffé d'un chapeau conique. Prax le suivait modestement, en maillot rayé, avec un faux-nez rouge et de longues savates. «Mon assistant va exécuter devant vous…, commença Martial.

—Oui, mon colonel.

— Je ne suis pas votre colonel.

— Je n'ai pas dit que vous étiez le mien. Je n'en ai pas.

— Ni celui de qui que ce soit. Je suis le professeur Martial, diplômé de l'École Normale Supérieure.

— Déplumé ?

— Aussi, mais la question n'est pas là… Mon assistant va exécuter devant vous… » Prax, qui tournait en rond, posa son pied gauche sur sa savate droite et tomba à terre à grand bruit. « Oh, mon dieu ! dit Martial.

— Le mien aussi ! dit Prax en sautant à cloche-pied, se frictionnant le genou et faisant une grimace horrible. Le clown blanc jeta un regard circulaire sur le public. « Y aurait-il quelqu'un dans l'assistance qui serait à même de se substituer à mon malheureux assistant [lui donnant un coup de pied vicieux] et d'exécuter…

— Oui, mon colonel, moi », dit aussitôt un homme aux cheveux ras en se levant. Bordheuil, comparse à cinquante francs la soirée, exécutait tout ce qu'on voulait pourvu qu'on le laissât libre d'importuner l'écuyère. [ROMAN DE CIRQUE. Molly Bloom en lit.]

« Oh, tout mais pas ça, réagit Martial, se rencontrant avec Ray Ventura et ses Collégiens. Non, pas de roman de genre. » L'esprit de Martial avait ses limites, comme celui de chacun d'entre nous. L'autocar entra, sous la pluie battante, dans le garage de l'entreprise Velox. « Retournons aux classiques. » Soit : ici, nos héros se séparèrent. La déesse s'éleva dans les airs et disparut dans un nuage d'or et d'azur. Télémaque se hâta de partir pour Ithaque, où il reconnut son père chez le fidèle Eumée. Pour premier acte du défi qu'il portait à la Société, Rastignac alla dîner chez Mme de Nucingen. M. Homais reçut la croix d'honneur. Mme de Rênal, fidèle à sa promesse, ne chercha en aucune manière à attenter à sa vie, mais trois jours après Julien, elle mourut en embrassant ses enfants, et la vie de Mme de Clèves, qui fut assez courte, laissa des exemples de vertu inimitables. Quasimodo tomba en poussière quand on voulut le détacher du squelette qu'il embrassait. La mort de Mme de Lorsange la fit disparaître de la scène du monde, comme s'évanouit ordinairement tout ce qui brille sur la terre. René périt peu de temps après avec Chactas et le père Souël, dans le massacre des Français et des Natchez à la Louisiane. On montre encore un rocher où il allait s'asseoir au soleil couchant.

Stop. «Flop», dit le docteur Slop.

ÉPILOGUE

Des spectateurs se lèvent, claustrophobes peut-être, qui ne souhaitent pas être pressés à la sortie ni serrés aux coudes dans l'escalier. Mais le film n'est pas fini. Ils s'immobilisent le dos au mur, fusillés par Henri Langlois. Merci.

Moins d'un an après les faits rapportés ici, auront lieu les événements de Mai. Cette année-là (qui l'a remarqué ?), les statistiques enregistreront en France une baisse notable du nombre des suicides. Nemours et Marcorelle regarderont passer le convoi de l'Utopie de leur fenêtre comme avant eux Chateaubriand celui de la Monarchie. Martial réprouvera la formule *les événements de Mai*, qui lui rappelle l'euphémisme des *événements d'Algérie*, une guerre est une guerre, une révolte une révolte, un professeur de français un professeur de français quelles que soient ses opinions politiques. Raoul Bordheuil dirigera des opérations violentes sur les barricades, rue Soufflot (des photographies bien connues en témoignent), comment diable ? Par antigaullisme probablement et par goût des étudiantes certainement. Le Général prendra l'hélicoptère pour Baden-Baden, sous l'effet d'une anachronique suggestion bourbonienne. Le soudard Massu (celui de la baignoire et des électrodes) le réexpédiera, et plus vite que ça, tant il y a de choses étonnantes dans l'Histoire. Léo Valence, mal à l'aise, boira plus que de raison ce printemps-là. Mme Kurt expliquera à M. Kurt étonné que les accords de Grenelle ne sont peut-être pas ce à quoi devait conduire cette révolte, et que si rien n'est plus détestable qu'une contre-révolution, une révolte ensablée ne donne pas exactement matière à écrire un chapitre glorieux de l'Histoire. Du sable à la dernière page d'un livre, quelle tristesse, dit Louis Aragon. Finis, Muse, où il te plaira.